Franz Illsung

Ein einheitliches System für den Verband von Ziegelmauerwerk

Einfachstes, allgemein gültiges Verfahren, für jede Grundrißform sofort, ohne Probieren, den besten Verband anzugeben

unikum

Franz Illsung

Ein einheitliches System für den Verband von Ziegelmauerwerk

Einfachstes, allgemein gültiges Verfahren, für jede Grundrißform sofort, ohne Probieren, den besten Verband anzugeben

---

ISBN/EAN: 9783845743998
Erscheinungsjahr: 2012
Erscheinungsort: Bremen, Deutschland

© Unikum in Europäischer Hochschulverlag GmbH & Co. KG, Fahrenheitstr. 1, 28359 Bremen. Alle Rechte beim Verlag und bei den jeweiligen Lizenzgebern.

www.unikum-verlag.de | office@unikum-verlag.de

Bei diesem Titel handelt es sich um den Nachdruck eines historischen, lange vergriffenen Buches. Da elektronische Druckvorlagen für diese Titel nicht existieren, musste auf alte Vorlagen zurückgegriffen werden. Hieraus zwangsläufig resultierende Qualitätsverluste bitten wir zu entschuldigen.

Franz Illsung

Ein einheitliches System für den Verband von Ziegelmauerwerk

Einfachstes, allgemein gültiges Verfahren, für jede Grundrißform sofort, ohne Probieren, den besten Verband anzugeben

Ein einheitliches System

für den

VERBAND

VON

ZIEGELMAUERWERK.

Einfachstes,

allgemein giltiges Verfahren,

für jede Grundrißform sofort, ohne Probieren, den besten Verband anzugeben

---

Mit einem Anhang:

Überblick über Material

und Ausführung sämtlicher Backstein-Mauerkonstruktionen

---

221 Figuren im Text

Eingehende Darstellung der Kaminverbände.

Von

Franz Illsung.

Leipzig

Verlag von H. A. Ludwig Degener

1905

Vorwort.

Eine auf das Wesen der Verbände eindringende Behandlung muß von dem allerdings bisher noch unbeachteten Satze ausgehen, daß die Fugen auf der Mitte zwischen den darunter befindlichen liegen. Denn dieses Gesetz bestätigt sich bei den richtigen und besten Verbänden aller Grundrißformen. Oder gehört es etwa zur Wissenschaft und Theorie, das in der Natur der Sache Liegende nicht zu erwähnen und nicht zu benutzen, weil es einfach und selbstverständlich klingt, und an Stelle dessen eine Anzahl schwerfälliger, spezieller Regeln aufzustellen, die nicht zugleich auch die Gründe für ihre Richtigkeit mit sich bringen? So wurde aber bisher der Unterricht über Backsteinverbände gegeben. Die bekannten Regeln, die angeben, wo und wie die Dreiquartiere je nach Grundrißform und Teilbarkeit der Mauerstärke und Länge speziell anzuordnen sind, waren nur das Resultat, für dessen Herleitung nichts als die Erfahrung angeführt werden konnte. Die Ahnung aber, daß in den Verbänden ein Gesetz stecken müsse, das wenigstens unabhängig von der Mauerstärke ist, bekommt schon häufig der Anfänger.

In der Tat sind diese sämtlichen Regeln entbehrlich und können durch ein einziges Prinzip ersetzt werden.

Der Praktiker (Palir) wird wohl stets nur die Erfahrungsregeln gebrauchen; bei ihm bleiben sie auch lebendig im Gedächtnis. Das gilt aber nur bei den einfacheren, stets wiederkehrenden Fällen. Bei reicher gegliederten Ecken und Pfeilern, ferner bei Kaminen mit rechtwinkligen Rauchzügen muß er aber doch die Lösung erst suchen, wenn er überhaupt noch auf Solidität des Verbandes Rücksicht nimmt. Gerade in diesen Fällen aber, wo der Verband am schwierigsten zu finden ist, hat man bisher nur dürftige oder, wie bei Kaminen, gar keine Anleitungen zur Lösung gegeben, so dass man auf ein langwieriges Probieren angewiesen war. C. von Brand und F. Jummerspach haben bestimmtere Anleitungen zur Lösung gegeben[1]); ihre Verfahren sind jedoch teils selbst wieder langwierig, teils befreien sie doch noch zu wenig vom Probieren und Ändern, außerdem bleiben sie nur auf reicher gegliederte Pfeiler und Ecken beschränkt.

Bei der Verbandlösung handelt es sich jedoch nicht bloß um die Richtigkeit und Solidität des Verbandes, vielmehr ebensosehr um die

1) Deutsche Bauzeitung 1897, Nr. 92 und Handbuch der Architektur III. T. 1 Bd.

Vermeidung unnützen Verhaues und der damit zusammenhängenden Material-, Zeit- und Arbeitsvergeudung. Vor dieser hat sich der Praktiker heutzutage vor allen Dingen zu hüten, ein Phlegma in diesem Punkte soll und kann aber besonders schon bei der Jugend durch die Schulung beseitigt werden.

Dies wird aber nur erreicht, wenn man hierzu ein Verfahren lehrt, das leicht, höchst kurz und allgemein ist. Umständliche Methoden merkt man sich nicht und wendet der Praktiker auch nicht an.

An den Wert einer systematischen und einheitlichen Methode im Unterricht für die Erziehung zur Logik und Weite der Auffassung darf ich wohl nur erinnern.

Während überdies die vielen Sonderregeln bei der bisher üblichen Spaltung und Spezialisierung des Stoffes das Gedächtnis belasten, bleibt der Stoff bei einheitlicher Behandlung leichter im Gedächtnisse haften, so daß es selbst dem, der sich nur selten mit Verband befaßt, möglich wird, auch ohne Buch jederzeit sofort das Richtige zu treffen.

Bei Kaminen mit viereckigen Rauchzügen zieht schon in einer Schichte ein einziger Mißgriff in der Verbandlösung gleich eine Reihe von unnötig behauenen Steinen nach sich, daher lohnt sich hier die Ersparnis bei der einfachsten Lösung am ausgiebigsten. Aber brauchbare allgemeine Lösungs-Regeln für die zahllos verschiedenartigen Kombinationen von Mauern mit Kaminen sind bisher überhaupt noch nicht aufgestellt worden, ja selbst die Lösungen mit Rücksicht auf geringsten Verhau sind noch nicht einmal gesucht, wie Vergleiche der in dieser Schrift dargestellten Kaminverbände mit denselben Fällen anderer Lehrbücher beweisen mögen.

Die für Kaminverbände hier aufgeführten außer dem allgemeinen Verfahren giltigen, empirischen Regeln sollen besonders dem Palier und Lehrer dienen, da für Schüler die Empirik doch keinen dauernden Wert besitzt.

Um die Schrift auch dem Anfänger verständlich zu machen, wurde in einem Anhang das technisch Wichtigste über Material und Konstruktion der Backsteinmauern überhaupt beigefügt und gleichzeitig auf die Bedürfnisse des die Schule verlassenden, angehenden Praktikers erweitert, und ist die denkbar kürzeste Form, meist mit Verzicht auf Satzbildung, gewählt worden.

Möge diese Schrift dazu beitragen, die Erlernung und Anwendung der Kenntnisse im Backsteinbau zu vereinfachen und zu erleichtern.

Würzburg, Januar 1905.

Der Verfasser.

Richtigkeit der Lösung.

Das Haupterfordernis für die Richtigkeit eines Verbandes ist, daß die Fugen zweier übereinander liegenden Schichten nicht aufeinander fallen (sich nicht selbst decken). Jede Fuge muß also stets durch einen Stein der nächsten Schichte bedeckt, somit abgeschlossen sein. Es soll hierbei sogar soweit gegangen werden, daß sich Fugen selbst auf $^1/_4$ Stein (6,5 cm) Länge nicht decken. Da sich meist dieselbe Anordnung der Steine, wie in den untersten zwei Schichten, nach oben fortgesetzt wiederholt, so bedeutet schon das geringste Zusammenfallen von Fugen einen durch die ganze Höhe der Mauer hindurchgehenden Spalt, geradezu einen von vornherein angelegten, wenn auch mit Mörtel ausgefüllten Riß.

Bester Verband.

In Deutschland gilt der Block- und Kreuzverband als die zweckmäßigste Art des Auf- und Nebeneinanderlegens der Steine. Das Prinzip des Blockverbandes (Fig. 1, 2 u. Anhang Fig. 168) besteht darin, daß nur zwei verschiedene Schichten übereinander abwechseln, und innerhalb jeder Schichte die Randsteine auf ein und derselben Seite der Mauer gleichartig liegen. Zur Vermeidung von Deckfugen müssen dann diese Steine kreuzweise aufeinander liegen, während sich im Innern der Mauer die Steine ihrer Länge nach, d. h. gleichliegend (parallel) überdecken. Es liegen also in der einen Schichte alle Randsteine auf der einen Seite ihrer Länge nach in der Längsrichtung der Mauer (als Läufer) und in der anderen Schichte auf derselben Mauerseite sämtlich in der Richtung der Mauerdicke (als Binder).

Bei Kreuzverband wechseln vier Schichten miteinander ab. Die ersten zwei stellen reinen Blockverband dar, die dritte unterscheidet sich von der ersten und die vierte von der zweiten Schichte nur darin, daß ihre Läuferreihen um $^1/_2$ Stein weiter seitlich verschoben sind.

Die Begriffe Block- und Kreuzverband können jedoch nur von fortlaufendem Verbande gebraucht werden, d. h. bei Mauern, die ununterbrochen gleichförmig der Länge nach sich erstrecken. Häufig wird aber diese Gleichförmigkeit unterbrochen, sei es durch Öffnungen, durch Verstärkungen oder Schwächungen (Vorsprünge, Lisenen, Nischen), Richtungsänderungen (Ecken) oder durch eine zweite Mauer (Kreuzung), durch Hohlräume (Kamine), oder schließlich ist die Grundrißform des Mauerkörpers schon von vornherein nicht ausgesprochen langgestreckt, wie bei freistehenden Pfeilern.

An solchen Unterbrechungsstellen muß natürlich ein eigener Verband eingerichtet werden, der mit dem Begriff „Blockverband" nichts mehr gemein hat, überhaupt keinem konventionellen Verbandsystem angehört.

Er hat nur den Zweck, den äußeren Abschluß eines Mauerkörpers zu bilden, ist also nur abhängig von der Umrißform (Kontur) desselben, weshalb er hier **Kontur-Verband** genannt werden möge.

Unmittelbar an diesen anschließend, ist ein Verband nötig, der zur Überleitung in die Regelmäßigkeit des fortlaufenden Blockverbandes dient, oder, wie bei freistehenden Pfeilern, zur Ausfüllung der außer dem Kontur-Verband übrig bleibenden Fläche. Dieser Verband, der der Klarheit wegen Anschlußverband genannt werden soll, gehört jedoch, wenigstens jede Schichte für sich, schon vollkommen dem System des Blockverbandes an, wenn er auch oft nur ein Bruchstück desselben vorstellt.

Wie gesagt ist der Kontur-Verband keinen konventionellen Prinzipien unterworfen, für ihn sind nur die 2 allgemeinen Gesetze bestimmend:

1. Richtiger Fugenwechsel (keine Deckfugen!).
   Dieser regelt den Verband mit der nächst untenliegenden Schichte.
2. Möglichste Vermeidung zu vieler behauener Steine, um einer möglichst unverschieblichen Verband mit den nächstliegenden Steinen von derselben Schichte herzustellen.

Punkt 1 gilt der Richtigkeit, Punkt 2 der Qualität der Lösung.

Bei der Verbandlösung hat man sich also nicht bloß damit zu begnügen, eine an und für sich richtige, sondern die beste Lösung zu finden.

Da sich die Verbandlösung eigentlich nur auf die Lösung des Kontur- und Anschlußverbandes erstreckt, so ist demnach (Blockverband für das fortlaufende Mauerwerk vorausgesetzt) unter bester Verbandlösung nur die beste Lösung des Kontur- und Anschlußverbandes zu verstehen.

Haupterfordernis für den besten Verband also ist:

Geringste Anzahl von behauenen Steinen,

innerhalb zweier Schichten zusammengezählt.

Als behauene Steine sollen nur Dreiquartiere ($^3/_4 \times ^1/_2$ Stein) und Quadratsteine ($^1/_2 \times ^1/_2$ Stein, meist Kopfstücke und Zweiquartiere genannt) Verwendung finden.

Kleinere behauene Steine, d. h. Riemchen ($1 \times 1/4$ = Längsquartiere und $1/2 \times 1/4$ = halbe Riemchen) sollen nur, wenn absolut nicht zu umgehen (wie bei Kaminen) zugelassen werden.

Diese Forderung der geringsten Zahl von behauenen Steinen ist insofern von großer Wichtigkeit, als eine überflüssige Verwendung derselben sich fortwährend zwischen je zwei Schichten die ganze Höhe der Mauer hinauf wiederholen würde und somit eine beträchtliche Summe von Verschwendung an Material (selbst Mörtel) und Arbeit ergäbe.

Wo selbst nach Erfüllung dieser Forderung noch die Möglichkeit bleibt, die Steine verschieden zu legen, wird man ununterbrochen durchgehende Fugen und kreuzweises Übereinanderliegen der Steine anstreben.

Grundgedanke für die einheitliche Lösung.

Von den einfacheren, stets wiederkehrenden Grundrißformen (wie fortlaufendem Mauerwerk, gewöhnlichen Maueranfängen und Ecken) hat der Praktiker das Bild des Verbandes auswendig im Kopfe. Für spezielle, reicher gegliederte Mauerumrißformen wird es aber selbst dem Geübtesten nötig, vor dem Anlegen der Mauer erst die beste Verbandlösung rasch zu entwerfen, wenn er überzeugt ist, daß Versuche mit den Steinen selbst mehr Zeit in Anspruch nehmen und nicht — höchstens zufällig — gerade den besten Verband ergeben. Denn für jeden Einzelfall lassen sich verschiedene, wohl richtige Lösungen finden, unter denen aber nur eine die beste sein wird.

Das planmäßige Ermitteln eines Verbandes besteht eigentlich in nichts anderem, als im richtigen Einzeichnen der Stoßfugen in die zwei Schichten, die übereinander abwechseln sollen. Das Augenmerk sei also auf die Lage der Fugen, statt auf die der Steine gerichtet, ist doch letztere durch erstere zugleich bestimmt.[1])

Man unterscheide hierbei zwei Arten von Stoßfugen:

1. Solche, die zur Mauerflucht (= Längenerstreckung des Mauerkörpers) senkrecht gehen, kurz **S** genannt,
2. solche, die parallel zur Mauerflucht laufen, mit **P** bezeichnet.

Da als Hauptbedingung für die Richtigkeit eines Verbandes keine Deckfugen vorkommen dürfen, so wird man bei der Verbandlösung von vorneherein solchen Deckfugen vorbeugen, indem man die (anfangs durch An-

1) Das ist der Gesichtspunkt, von dem allein aus die Verbände der verschiedensten Grundrißformen sich einheitlich auffassen lassen.

nahme) vorhandenen Fugen der einen Schichte um ein gewisses Maß verschiebt, um dadurch die Lage der Fugen für die andere Schichte zu erhalten.

Man hat hierbei nur zu wissen, um welches Maß die Stoßfugen zwischen zwei Schichten gegeneinander verschoben sein müssen, d. h. ein Verschiebungsgesetz.

Die Lösung muß jedoch für beide Schichten zugleich ausgeführt werden und das Einzeichnen der Fugen in bestimmter Reihenfolge vor sich gehen, nämlich auf dem Wege der Entwicklung. Nur dann wird man rasch und sicher, also ohne Probieren und stetiges Kontrollieren zum Resultat gelangen. Es dürfen also außer der ersten Fuge die andern Fugen beider Schichten nie willkürlich angenommen, sondern müssen stets aus den bereits erhaltenen Schritt für Schritt abgeleitet werden auf Grund von Gesetzen über die gegenseitige Lage der Fugen, die sogleich näher angeführt werden.

Durch Anwendung des Verschiebungsprinzips erhält man einerseits einen unstreitig richtigen, und durch die ausschließliche Entwicklung der Fugen den bestmöglichen Verband.

Die Gesetze für das Maß, sowie für die Reihenfolge der Fugenverschiebung sind bei sämtlichen Grundrißformen der Kontur, d. h. für den Konturverband überhaupt, gleichlautend, daher das sich hierauf gründende Verfahren (siehe Seite 11) einheitlich ist.

Gesetze über die gegenseitige Lage der Fugen.

Der fortlaufende Blockverband ist sozusagen eine gegebene Konstruktion, so daß eine Ermittlung oder Auffindung desselben überhaupt niemals notwendig wird.

Es soll jedoch zur Einführung gezeigt werden, daß auch dieser nach einer Verschiebungsregel konstruiert werden könnte, und zwar ist bemerkenswert an dieser Regel, daß sie unabhängig von der Mauerstärke ist, während nach den seither zur Herstellung des Blockverbandes dienenden Regeln auf die Teilbarkeit der Mauerstärke, ob in ganze oder halbe Steine, Rücksicht genommen werden muß.

Das Verschiebungsgesetz für den fortlaufenden Verband lautet nämlich:

1. Die S-Fugen der einen Schichte sind gegen die der andern Schichte um $^1/_4$ Stein verschoben,

2. die P-Fugen der einen gegen die der andern Schichte um $^1/_2$ Stein.

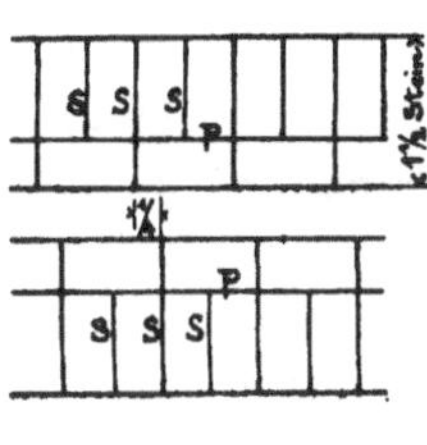

Fig. 1.

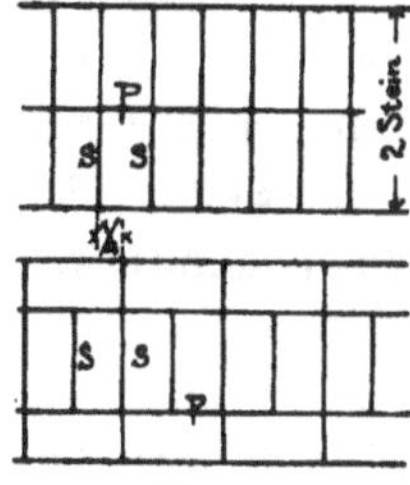

Fig. 2.

Wichtig und von praktischer Bedeutung sind jedoch hauptsächlich die Fugengesetze für allseitig abgeschlossene Mauerkörper, da nur für diese die Aufgabe einer Lösung eigentlich in Betracht kommt.

I. Beziehungen zwischen den Fugen innerhalb einer Schichte.

1. Die S-Fugen sind ausnahmslos an Linien gebunden, die $^1/_2$ Stein voneinander entfernt sind (sowohl im fortlaufenden als auch im Konturverband).
2. Die ersten[1]) P-Fugen des Konturverbandes können ebenfalls nur auf Linien liegen, die $^1/_2$ Stein Abstand voneinander haben (während die P-Fugen des Blockverbandes stets 1 Stein weit auseinanderliegen müssen).

Jedoch gehen die P-Fugen des Konturverbandes mit denen des Anschluß- und fortlaufenden Verbandes häufig nicht zusammen, sondern weichen oft $^1/_4$ Stein voneinander ab.[2])

II. Beziehungen zwischen den Fugen zweier aufeinanderfolgenden Schichten.

Im Konturverband sind beide Arten von Stoßfugen, S und P, gegen die gleichartigen Fugen der andern Schichte stets um $^1/_4$ Stein verschoben, oder mit andern Worten, es lautet das

---

1) Unter Fugen der 2. Schichte sind die durch Verschiebung erhaltenen Fugen S zu verstehen, besser „abgeleitete" genannt. Die abgeleiteten P-Fugen liegen meist sogar nur in der 1. Schichte, während die P-Fugen der 2. Schichte die ersterhaltenen, d. h. die „vorausgesetzten" sind. Diese liegen auch stets an der Langseite der Dreiquartiere.

2) Daher ist die Anordnung eines regelmäßigen Netzes für die sämtlichen P-Fugen, wie sie v. Brand und Jummerspach empfehlen, für die Gewinnung der besten Lösung ungeeignet.

Verschiebungsgesetz: Im Konturverband fallen die S-Fugen der 2. Schichte genau auf die Mitte zwischen die S-Fugen der 1. Schichte.

Und ebenso fällt stets eine abgeleitete P-Fuge in die Mitte zwischen je zwei (1/2 Stein entfernte) einander in der S-Richtung noch gegenüberliegende P-Fugen der vorhergehenden Schichte.

Auch für den Blockverband, bei dem die P-Fugen 1 Stein voneinander entfernt sind, trifft dieses Gesetz ausnahmslos zu, so daß also

ein einheitliches Verschiebungsgesetz für Block- und Konturverband jeder Grundrißform

aufgestellt werden kann, welches lautet:

Die S-Fugen sowohl wie die abgeleiteten P-Fugen der einen Schichte treffen immer in die Mitte zwischen die entsprechenden Fugen der andern Schichte.

Diese einfachen, fast selbstverständlichen Gesetze I_1 und II müssen die natürliche Grundlage, die Fundamentalsätze für ein allgemein giltiges Verfahren bilden.

Bei jenen Formen, die einspringende Ecken aufweisen (wie gegliederte Maueranfänge, Pfeiler, Gebäudeecken, Mauerkreuzungen, Kamine) kann eine weitere Regel beachtet werden, die sich jedoch meist durch Anwendung des Verschiebungsgesetzes schon von selbst erfüllt, nämlich folgendes

Gesetz über die Eckfugen:

Durch eine einspringende rechtwinklige Ecke dürfen in ein und derselben Schichte niemals zwei Fugen zugleich gehen, sondern in der einen Schichte gehe durch diese Ecke eine Fuge senkrecht und in der andern parallel zur Mauerflucht.

Fig. 3. Fig. 4.

Würde man nämlich in einer Schichte (Fig. 4) zwei Fugen zugleich durch die einspringende Ecke gehen lassen, ohne für die nächste Schichte eine schräge Eckfuge vorzusehen, so müßte hier ein ausgeklinkter Stein (Stiefel) verwendet werden, damit sich nicht Fugen decken. Ein Stiefel ist jedoch durch Verhau aus einem ganzen Stein nicht herzustellen, sollte also auch nicht vorkommen. Möglich sind Stiefel, wenn an ihrer Stelle ganze Steine eingemauert und ihre vor die Mauerfläche vorstehenden Ecken erst nachträglich weggeschlagen werden.

Reihenfolge des Einzeichnens der Fugen.

Den Schlüssel zur Lösung bildet folgender Anfang:

Bei sämtlichen Grundrißformen beginne man mit der Einteilung der zwei Schichtenflächen in die zu ihrer Längenerstreckung senkrechten Fugenlinien in Abständen von $^1/_2$ Stein voneinander.

Die erste S-Fuge kann in $^1/_2$ oder $^3/_4$ Stein Abstand von dem zu ihr parallelen Mauerrand angelegt werden. **In die zweite Schichte werden dann die S-Fugen in der Weise eingetragen, daß sie gegenüber denen der ersten Schichte um $^1/_4$ Stein verschoben, d. h. in der Mitte zwischen denselben liegen.**

Sehr wichtig ist es nun, für die Anordnung der Dreiquartiere nämlich, **daß man die S-Fugen stets endigen lasse, wenn ihre Verlängerung nur in $^1/_4$ Stein Abstand neben eine zu ihr parallele Mauerumrißlinie zu liegen käme. Hiedurch erkennt man nach erfolgter Einzeichnung sämtlicher S-Fugen sofort in jeder Schichte die Stellen, wo Dreiquartiere verlegt werden müssen,** nämlich überall da, wo eine S-Fuge $^3/_4$ Stein weit vom Mauerrande absteht. — Diese $^3/_4$ Steinlänge ist die Länge der Dreiquartiere, sonach ist es auch sofort klar, in welcher Richtung, ob als Binder oder als Läufer, die Dreiquartiere zu legen sind.

Zeichnet man so die Dreiquartiere fertig, so zieht man dabei eigentlich zur Mauerflucht parallele Fugen P.

Jede dieser P-Fugen, die zweien Dreiquartieren zugleich angehört, ist in die nächste Schichte ihrer ganzen Länge nach, um $^1/_4$ Stein verschoben, zu übertragen.

Oder, was auf dasselbe hinausläuft:

Je zwei sich direkt (in $^1/_2$ Stein Abstand) gegenüberliegende P-Fugen erfordern in der nächsten Schichte eine abgeleitete P-Fuge in der Mitte zwischen sich und zwar mindestens auf dieselbe Länge, in der sie sich gegenüberliegen.

Ausser den durch diese Entwicklung erhaltenen Dreiquartieren sind keine andern mehr nötig, sondern der übrig bleibende Raum wird, als Anschluß-Verband, nur mehr mit ganzen Steinen, höchstens noch Kopfstücken ausgefüllt, wobei die S-Fugen an die vorgezeichneten S-Linien gebunden sind. Im übrigen achte man auf möglichst durchgehende Fugen und kreuzweises Überdecken der Steine.

Es soll nun an verschiedenen Beispielen für jeden Grundrißtypus die praktische Anwendbarkeit des besprochenen Verfahrens gezeigt werden.

Für den Entwurf des Verbandes ist quadratisch karriertes Papier (wie es die Notizbücher gewöhnlich enthalten) besonders geeignet.

Die im Bauplan in Metern ausgedrückten Maße besonders der Pfeilerstärken und Lisenenbreiten müssen vor der Verbandlösung erst in Steinmaße umgewandelt werden. Hierbei sucht man diese Abmessungen womöglich auf $^1/_2$, nicht auf $^1/_4$ Stein ausgehend herauszubringen. Dies hat man in der Hand durch Verengerung oder Erweiterung des gewöhnlichen Fugenmaßes (1 cm). Jedoch können nur die zwischen ganzen Steinen liegenden Fugen variiert werden, während die Fugen zwischen zwei Bindern, die einen Läufer vor sich haben, 1 cm stark gemacht werden müssen. Die übrigen Stoßfugen sollen nicht unter 7 mm und nicht über 1,7 cm stark sein. Läßt man den Verputz noch zwischen 1 bis 3 cm Stärke variieren, so ergibt sich, Reichsformat (25 cm $\times$ 125, cm $\times$ 6,5 cm) der Steine vorausgesetzt:

Auf $^1/_4$ Stein muß ausgehen eine Länge von

mit Verputz	Steinmaß	ohne Verputz
m m		m m
0,45 —0,525	$1^3/_4$	0,39 —0,505
0,58 —0.65	$2^1/_4$	0,52 —0,63
0,72 —0,78	$2^3/_4$	0,66 —0,76
0,85 —0,905	$3^1/_4$	0,79 —0,885
0,985—1,035	$3^3/_4$	0,925—1,015
1,115—1,165	$4^1/_4$	1,055—1,145
1,255—1,295	$4^3/_4$	1,195—1,275
1,385—1,42	$5^1/_4$	1,325—1,395
1,52 —1,55	$5^3/_4$	1,46 —1,53
1,65 —1,68	$6^1/_4$	1,59 —1,66
1,785—1,81	$6^3/_4$	1,725—1,79
1,915—1,935	$7^1/_4$	1,855—1,915
2,055—5,065	$7^3/_4$	1,995—2,045
2,185—2,195	$8^1/_4$	2,125—2,175
2,32 —2,325	$8^3/_4$	2,26 —2,305
	$9^1/_4$	2,39 —2,43
	$9^3/_4$	2,525—2,56
	$10^1/_4$	2,655—2,685
	$10^3/_4$	2,795—2,815
	$11^1/_4$	2,925—2,945
	$11^3/_4$	3,06 —3,075
	$12^1/_4$	3,19 —3,20
	$12^3/_4$	3,325—3,33

Je größer die Länge einer Mauer, desto seltener wird es nötig sein, sie auf $^1/_4$ Stein ausgehen zu lassen. Schließlich wird von einer gewissen Länge ab ein solches Reststück überhaupt stets in die zahlreicheren Fugen aufgeteilt werden können. Das ist der Fall von 3,33 m = $12^3/_4$ Steinen ab, ohne Verputz (z. B. bei einer Verbindungsmauer zwischen zwei parallelen Wänden). Wird auf beiden Enden Verputz (je 1—3 cm) hinzugerechnet, und kommt es auf genaue Maße an, so ist von einer Länge von 2,33 m = 9 Steinen ab kein $^1/_4$ Steinrest mehr nötig.

Häufig kann man, wenn praktische oder ästhetische Gründe es nicht verbieten, durch ganz geringfügige Dimensionen-Änderungen an gegliederten Konturen einen bedeutend einfacheren Verband ermöglichen: auch ein Hilfsmittel, das zur Kunst des Mauerns gehört. Beispiele hierfür bieten Fig. 24 u. 25, 31 u. 32.

A. Grundrißformen ohne einspringende Ecken.

I. Der Maueranfang.

1. Stadium: Fig. 5. Sind die S in beide Schichten eingezeichnet, dann muß man festhalten, daß keine weitere Fuge senkrecht zur Mauerflucht an andrer Stelle, als auf den eingezeichneten Linien, d. h. zwischen diesen, gezeichnet werden darf. In der 2. Schichte erkennt man sofort, daß der Raum von $^3/_4$ Stein Breite nur durch drei Dreiquartiere ausgefüllt werden kann. Siehe Fig. 6.

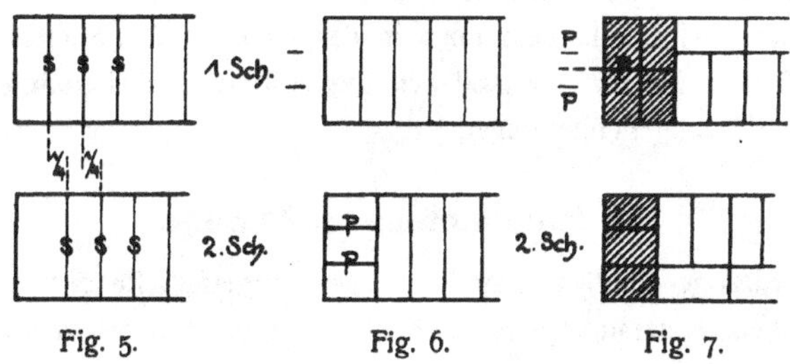

Fig. 5. Fig. 6. Fig. 7.

2. Stadium: Fig. 6. Zeichnet man diese Dreiquartiere ein, so zieht man damit eigentlich zwei zur Mauerflucht parallele Fugen P.

3. Stadium: Fig. 7. Diese zwei P-Fugen erfordern in der Mitte zwischen sich eine P-Fuge für die nächste Schichte. Bei der Anordnung derselben ist zu beachten, daß man den abgeleiteten P-Fugen mindestens dieselbe Länge (gewöhnlich um $^1/_4$ Stein mehr, bis zur zweiten S-Fuge) gebe, wie sie die P der 2. Schichte haben. — Während P auf diese Weise in die 1. Schichte eingetragen wird, bilden sich hier von selbst 4 Dreiquartiere. Damit ist die Lösung des Maueranfangs erreicht, und man schließt daran den als bekannt vorausgesetzten fortlaufenden Verband an.

Daß dasselbe Verfahren auch bei einer Mauerstärke von geradem Vielfachen von halben Steinlängen zur Lösung führt, also von der Mauerstärke unabhängig ist, soll an einer 2 Stein starken Mauer gezeigt werden.

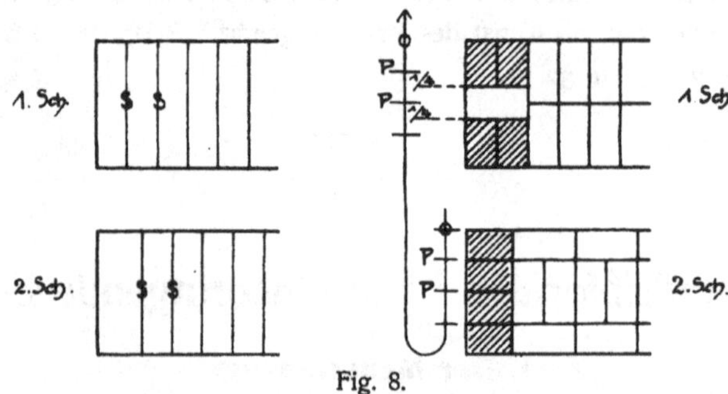

Fig. 8.

Der Pfeil soll andeuten, daß die Fugen P der 2. Schichte so, wie sie in dieser liegen, neben den Anfang der 1. Schichte getragen wurden, um ohne Irrungen die P-Fugen der 1. Schichte darnach anordnen zu können. —

Daß man die Fugen S in der 2. Schichte nicht immer ihrer ganzen Länge nach gelten lassen kann, ist klar, und man wird auch ohne weiters erkennen, welche Teile davon man auszulöschen hat, um nicht Kopfstücke, sondern womöglich nur ganze Steine im fortlaufenden Verbande zu erhalten. Dieser wird außerdem noch in der Weise an den Maueranfang angefügt, daß sich die dort vorhandenen Fugen P möglichst ununterbrochen fortsetzen. (Durchgehende Fugen!)

II. Maueranfang und -Ende.

Es werden gewöhnlich besondere Regeln aufgestellt für den Zusammenhang zwischen Maueranfang und Schluß. Es kommt dabei darauf an, ob die Mauerlänge auf $^1/_2$ oder $^1/_4$ Stein ausgeht. Beim Zeichnen des Verbandes nach dem einheitlichen Verfahren fällt jedoch diese Rücksicht auf die Mauerlänge weg. Teilt man den Mauerkörper in beiden Schichten nach der Hauptregel in die Fugen S ein, so wird man sofort sehen, in welcher Schichte am Mauerende Dreiquartiere verbleiben.

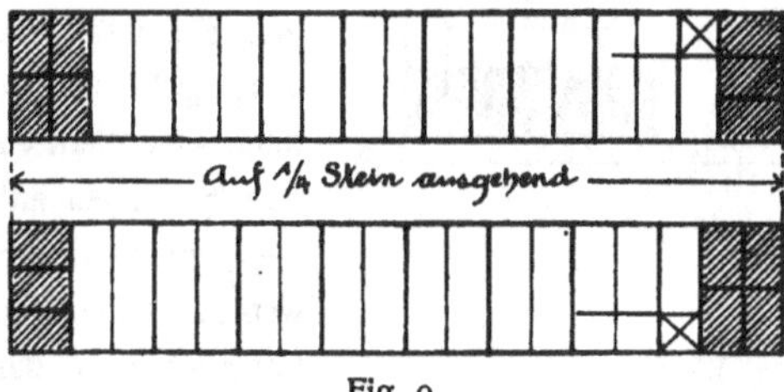

Fig. 9.

Auch die neben den Dreiquartieren häufig auftretenden Kopfstücke ergeben sich von selbst.

III. Mauerpfeiler.

Es soll gezeigt werden, wie auch die Mauerpfeiler nach der einzigen Hauptregel mit vollkommener Sicherheit und unter Ausschluß jeglichen Probierens gelöst werden können, wenn die angegebene Reihenfolge des Eintragens und Verschiebens der Fugen eingehalten wird.

In Fig. 10 ist absichtlich ein ohne planmäßiges Vorgehen schwieriger zu lösender Pfeiler gewählt worden, dessen eine Dimension nämlich auf $^1/_4$ Stein ausgeht.

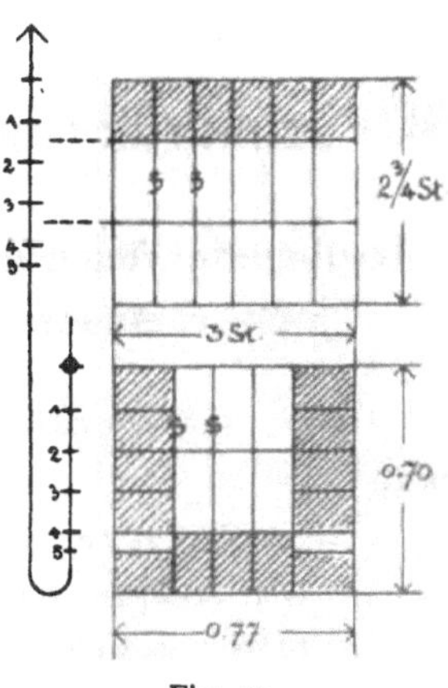

Fig. 10.

Der Pfeiler wird zuerst in die Fugen S eingeteilt, senkrecht zu seiner Länge. In der 2. Schichte erkennt man hierauf den Ort der Dreiquartiere; das Riemchen wird man nicht am Rande belassen, sondern ins Innere bringen. Die am Rande erhaltenen P werden in $^1/_4$ Stein Verschiebung in die 1. Schichte übertragen. Zwischen P_2 und P_3 ist keine abgeleitete nötig, um den ganzen Stein in eine solche Lage zu bekommen, daß S durchläuft. Ebenso nicht zwischen P_4 und P_5. Dasselbe auf der rechten Seite. Der zwischen beiden Enden verbleibende Raum wird dann möglichst mit ganzen Steinen ausgefüllt, so zwar, daß die Fugen ununterbrochen bis an den Rand laufen.

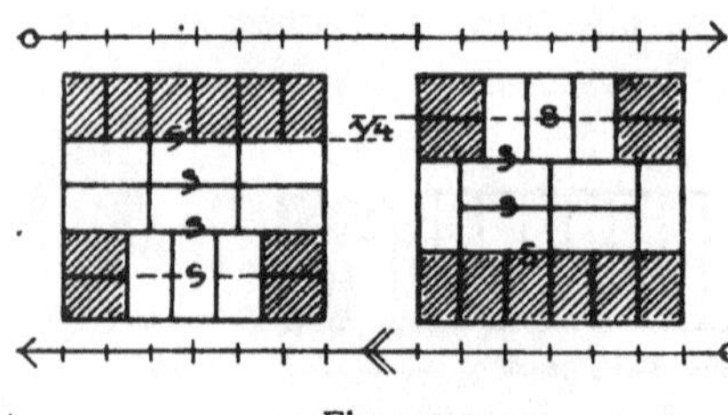

Fig. 11.

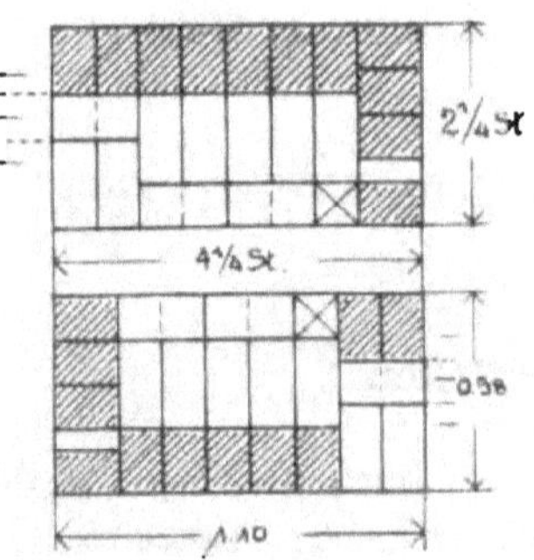

Fig. 12.

Derselbe Pfeiler wie in Fig. 10 ist in Fig. 11 senkrecht zu seiner kürzeren Abmessung in die Fugen S geteilt worden. Die Lösung geht in derselben Weise ohne Aufenthalt von statten. Die zwei Schichten enthalten zusammen zwar 1 behauenen Stein weniger als in Fig. 10 und keine Längsquartiere, dafür gehen aber dort die Fugen besser durch.

Nebenstehend ein Pfeiler, dessen beide Seiten auf $^1/_4$ Stein ausgehen. Hier würde man ganz auf ein Probieren angewiesen sein, während die Einteilung der S senkrecht zur Länge und die Verschiebung der P am rechten und linken Rande rasch zum Ziele führen.

B. Grundrißformen mit einspringenden Ecken.

Gegliederte Maueranfänge, freistehende und Zwischenpfeiler, Mauerecken, Kreuzungen und Kamine.

Auf die richtige und einzig beste Lösung wird man auch hier geleitet durch

1. Einteilung der beiden Schichtenflächen in die S-Fugen. Den Schlüssel für die richtige Anordnung der Dreiquartiere in beiden Schichten bildet das
2. Aussetzen der S-Fugen neben jeder nur $^1/_4$ Stein entfernten Umrißlinie.
3. Festlegung der unmittelbar zu erkennenden Dreiquartiere.
4. Bestimmung der etwa noch fehlenden Eckfugen in beiden Schichten, auf Grund des Eckfugengesetzes (s. S. 10).

5. Zur Vollendung des Konturverbandes werden aus den P-Fugen der soeben erhaltenen Dreiquartiere die P-Fugen der nächsten Schichte nach dem Verschiebungsgesetze (s. S. 10 u. 11) abgeleitet und somit auch hier die erforderlichen Dreiquartiere erhalten.

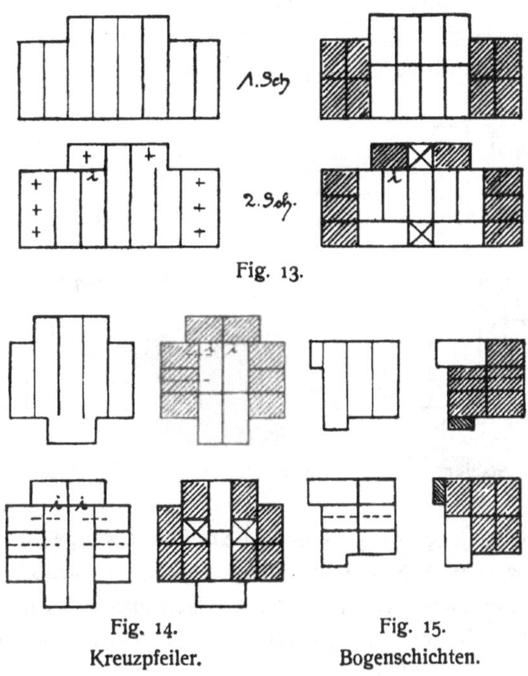

Fig. 13.

Fig. 14. Kreuzpfeiler.

Fig. 15. Bogenschichten.

Die P-Fugen i (siehe die Fig. 13, 14, 18, 21, 24, 25, 28) werden demnach nicht verschoben, da sie nur einem einzelnen Dreiquartiere angehören, oder in andrer Hinsicht keiner andern $^1/_2$ Stein entfernten Dreiquartier-Längsfuge mehr gegenüberliegen. Derartige isolierte P-Fugen (stets Eckfugen von am Rande liegenden Dreiquartieren) ermöglichen überhaupt über sich (in der nächsten Schichte) einen ganzen Stein (als Binder) am Mauerrand. Dieser gehört dann schon dem Anschlußverbande an.

In den Figuren ist durch Punktierung der abzuleitenden Fugen auf die Stellen hingewiesen, wo sich 2 Dreiquartier-P-Pugen gegenüberliegen.

6. Nachdem so die unbedingt erforderlichen Dreiquartiere in beiden Schichten bestimmt sind, ist nur noch der **Anschlußverband** zu ermitteln. Folgende Methode führt rasch zur besten Lösung desselben.

Man faßt die Länge jedes zwischen zwei S-Fugen begrenzten $^1/_2$ Stein breiten Streifens ins Auge und überlegt, wie man ihn bestmöglich noch mit unbehauenen Steinen ausfüllen kann.

Zugleich muß man jedoch prüfen, ob sich durch eine solch beabsichtigte beste Ausfüllung nicht Fugen mit der andern Schichte decken werden.

Außerdem achte man darauf, daß die Steine möglichst gleichmäßig, d. h. geordnet liegen, und die Fugen möglichst durchgehen.

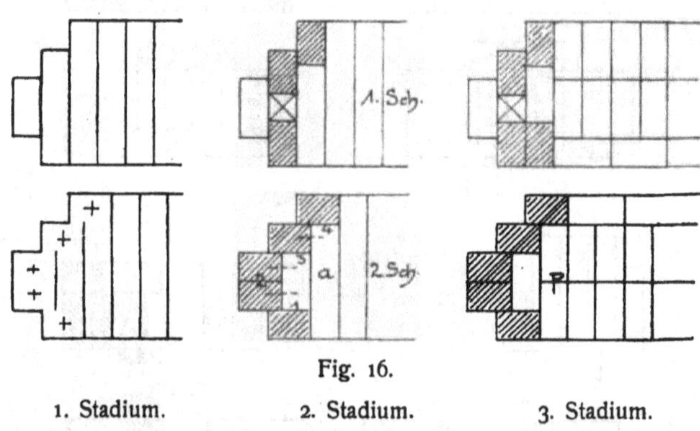

Fig. 16.

1. Stadium. 2. Stadium. 3. Stadium.

Der Maueranfang in Fig. 16 sei im 2. Stadium so weit gelöst, daß zwischen Fugen 1 u. 2, 2 u. 3, 3 u. 4 die P-Fugen in die 1. Schichte eingetragen sind. Es bleibt dann nur noch, den fortlaufenden Verband zweckmäßig anzuschließen. Um dies zu erreichen, betrachte man den Streifen a der 2. Schichte. Er ist 2 Stein lang, wird also am besten mit 2 ganzen Steinen ausgefüllt. Damit die Fugen durchgehen, ziehe man die durch diese Teilung entstandene Fuge P sofort weiter nach rechts, womit der fortlaufende Verband für diese und die 1. Schichte bestimmt ist.

Ohne diese Überlegung könnte man zufällig auch das folgende weniger gute Resultat erhalten, wobei die 4. Fuge noch weitere zwei Dreiquartiere in der 1. Schichte verursacht. Der Streifen a ist eben unrationell in 1 ganzen Stein und 2 Kopfstücke geteilt.

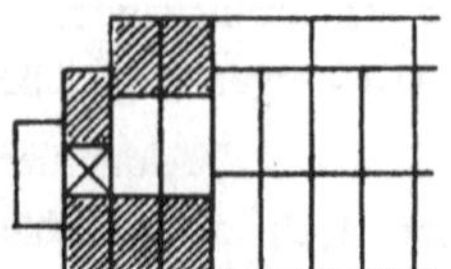

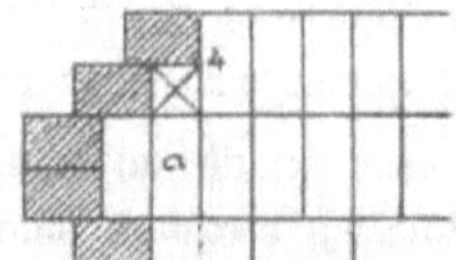

Fig. 17.

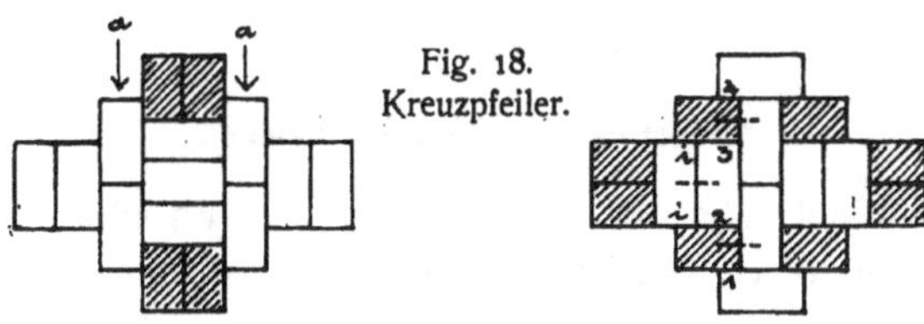

Fig. 18.
Kreuzpfeiler.

Macht man die Arme des Pfeilers Fig. 18 um $^1/_2$ Stein kürzer (Fig. 19), so kann der Streifen a nicht mehr in 2 ganze Steine zerlegt werden, da sonst die Fuge 1 auf Fuge 2 fiele. Es stehen sich eben Fugen 2 und 3 gegenüber und verlangen daher zwischen sich eine P-Fuge für die nächste Schichte. Jedoch läßt sich noch Streifen c in 2 ganze Steine teilen.

Streifen a = $2^1/_4$ St. lang = $1 + {}^1/_2 + {}^3/_4$, braucht also noch ein Dreiquartier. Ebenso Streifen b.

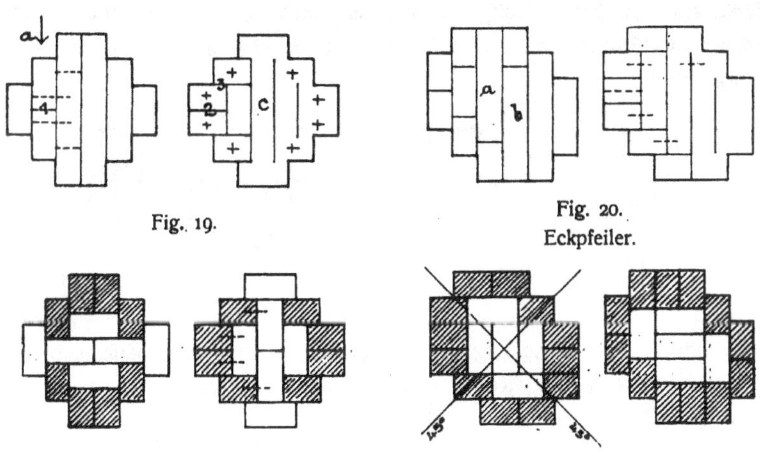

Fig. 19.

Fig. 20.
Eckpfeiler.

Die Fig. 19 u. 20 sind Beispiele für sog. **quadratische Pfeiler,** d. h. solche, die durch je eine Diagonale unter 45° in 2 symmetrische Hälften geteilt werden.

Bei diesen Pfeilern bieten beide Schichten dasselbe Bild. Das eine erscheint nur um 45° gedreht; oder, für alle Fälle richtig gesagt: Die eine Schichte ist das um eine der 45° Diagonalen umgewendete Bild der andern Schichte — eine Regel, die jedoch erst nach der Lösung beider Schichten noch zur Probe dienen kann.

Zwischenpfeiler

(Mauervorlagen, Pilaster Lisenen).

Nachdem Punkt 1, 2 und 3 der Lösung (s. S. 16!) erledigt, d. h. das Stadium in Fig. 21 erreicht ist, fasse man den Streifen a ins Auge, denn

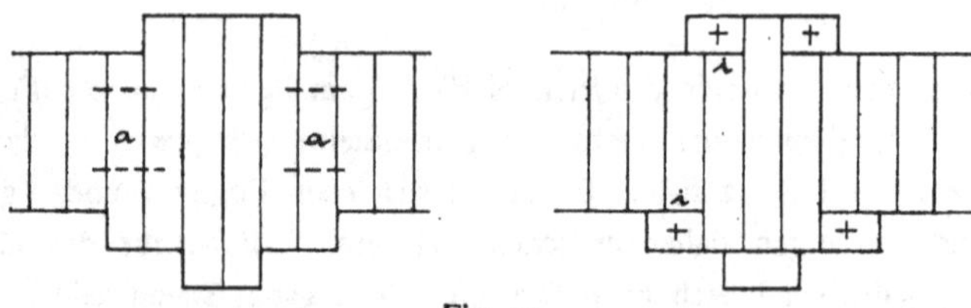

Fig. 21.

die Fugen i erfordern keine Verschiebung, da sie nur einzeln auftreten. Er ist $2^1/_2$ Stein lang, und daher teile man ihn auch in 2 ganze und 1 halben Stein ein. Die hierzu nötigen Fugen ziehe man sogleich in die fortlaufende Mauer nach links und rechts hinein und die Lösung (Fig. 22) ist damit festgelegt.

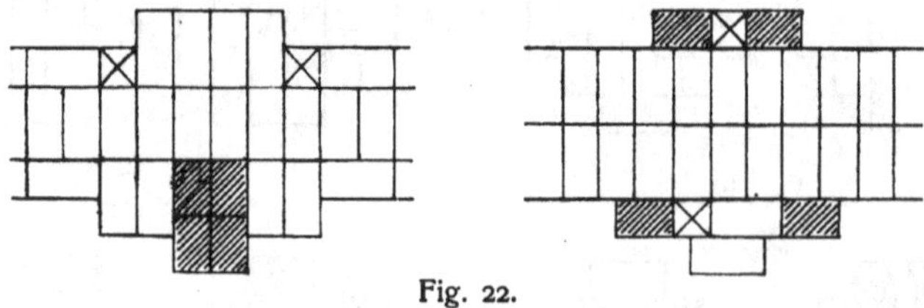

Fig. 22.

Ohne diese Überlegung der Zerlegung des Streifens a hätte man vielleicht folgende richtige, jedoch minderwertige Lösung (Fig. 23) bekommen.

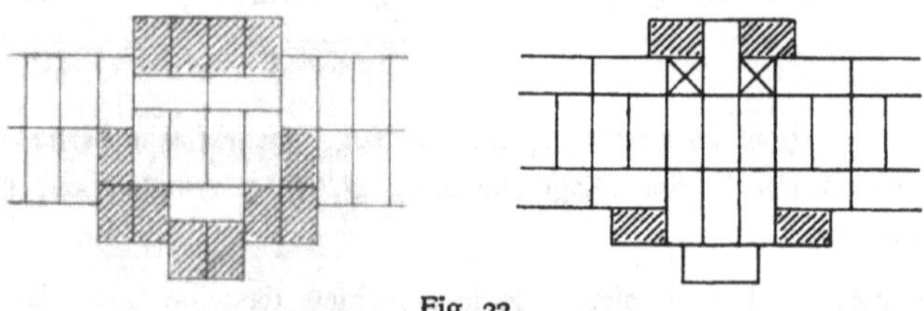

Fig. 23.

Es ist also nicht gleichgiltig, welche Schichte des fortlaufenden Verbandes (ob die Läufer- oder Binderschichte) sich an jede Schichte des gelösten Zwischenpfeilers anschließe.

Ein komplizierterer Zwischenpfeiler.

Hat man die Lage der Dreiquartiere (+) in der 2. Schichte aus dem Einteilungsschema erkannt, so weiß man, daß zwischen Fuge 3 und 4, 4 und 5 je eine P-F. für die nächste Schichte anzuordnen ist. Dann überlege man, ob sich in der 1. Schichte der Streifen a, 2 Stein lang, tatsächlich in 2 Steine teilen lasse, ohne daß Fugendeckung mit den Fugen der erwähnten Dreiquartiere der 2. Schichte eintritt. Man sieht, die punktierte Fuge in a ist möglich, man ziehe sie auch sogleich in die fortlaufende Mauer hinein, womit der Verband derselben festgelegt ist. Die Lösung ist in der linken symmetrischen Hälfte ausgeführt. — Von Streifen b bleibt noch $2^1/_4$ Stein Länge. Diese kann an und für sich nur durch 1 ganzen Stein, 1 Dreiquartier und 1 Kopfstück aufgeteilt werden. Streifen c ist noch $2^3/_4$ Stein lang, muß dem gemäß noch ein Dreiquartier erhalten. Streifen d kann aber unbehindert in 4 ganze Steine geteilt werden.

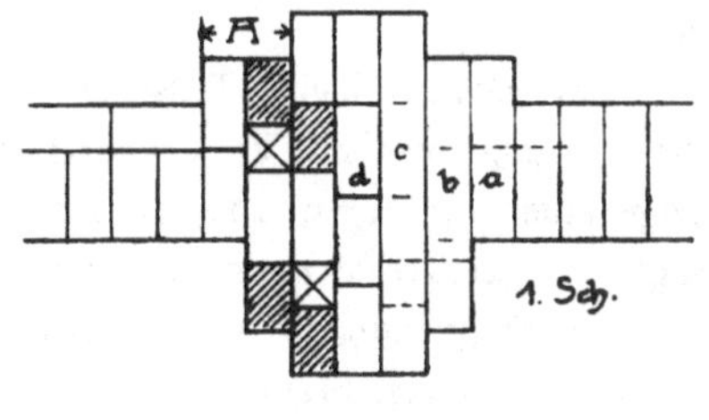

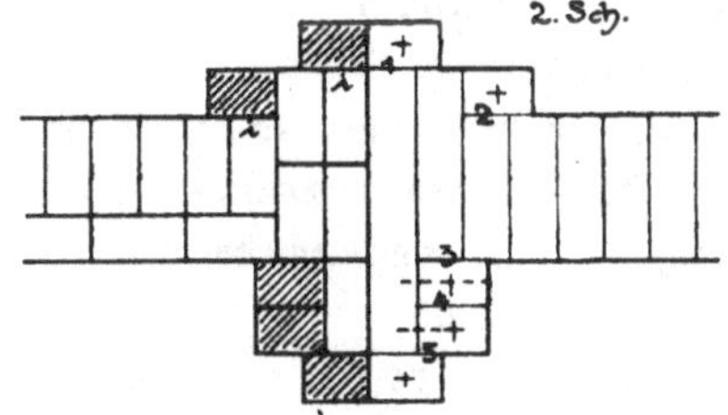

Fig. 24.

An folgendem Pfeiler soll gezeigt werden, wie man durch eine geringfügige Änderung an der Dimension A des vorhergehenden Pfeilers (statt 1 Stein: $^3/_4$ Stein) den Verband einfacher und besser (durchgehende Fugen) gestalten kann.

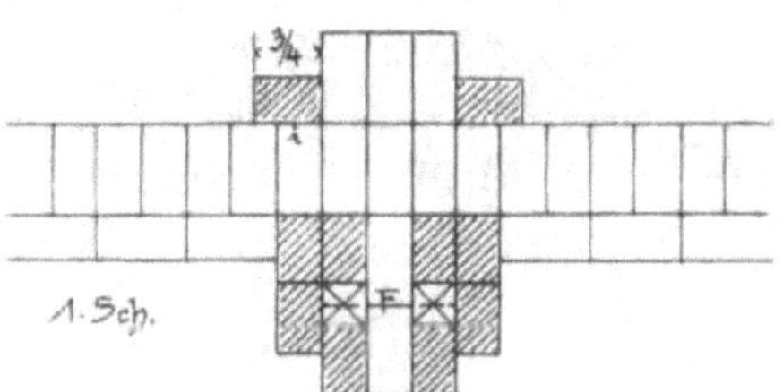

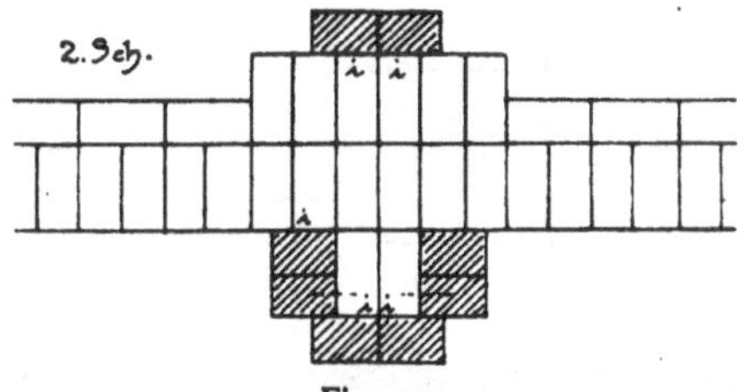

Fig. 25.

Fuge F (Fig. 25, 1. Sch.) könnte, allerdings mit dem Nachteil der Fugendeckung auf $^1/_4$ Steinlänge, beiderseits um $^1/_2$ Stein verlängert werden, d. h. man könnte 4 ganze Steine statt der Kopfstücke und Dreiquartiere verwenden, womit man noch 6 beh. Steine erspart.

Die schräge Eckfuge.

Nur da, wo Vorsprünge von $^1/_4$ oder $^3/_4$ Stein vor die Mauerflucht vorkommen, denke man an die Anwendung der schrägen Eckfuge. Siehe Seite 10!

Um nämlich kleine Teilsteine (Riemchen) an der Außenseite zu vermeiden, kann man mit Vorteil durch eine einspringende Ecke eine schräge Fuge unter 45° legen und in der andern Schichte durch dieselbe Ecke sogar zwei senkrecht zueinander verlaufende Fugen.

Die Frage nun, in welcher Schichte die schräge Eckfuge anzuwenden ist, kann man erst beantworten, nachdem man am Umriß des Mauerkörpers die zur Mauerflucht senkrechten und wagrechten Fugen (entweder durch Verschiebung der Fugen der erkannten Dreiquartiere oder durch Anwendung des Gesetzes über die Eckfugen) in die beiden Schichtenpläne eingezeichnet hat.

Nun können (besonders bei Vorsprüngen von $^1/_4$ oder $^3/_4$ Stein Länge) folgende Fälle eintreten, bei denen man sich immer mit der schrägen Eckfuge helfen kann.

1. Es bleibt bei gesetzmäßiger Fugeneinteilung an einer einspringenden Ecke ein sogenannter Stiefel übrig (wenn man Riemchen nicht anwenden will).

In der 2. Schichte geht durch die einspringende Ecke eine Fuge senkrecht, demgemäß sollte in der 1. Schichte durch diese Ecke eine Fuge P parallel mit der Mauerflucht laufen. Diese würde jedoch ein Riemchen

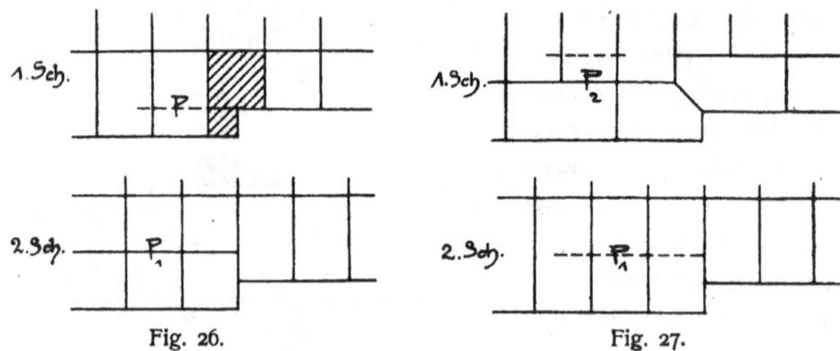

Fig. 26.

Fig. 27.

($^1/_4$ Stein breit) verursachen. Bei Auslassung dieser Fuge müßte an der Ecke ein Stiefel (schraffiert) angeordnet werden, was jedoch auch nicht angeht. Es bleibt demnach nichts andres übrig, als in der Schichte, wo ein Stiefel entstünde, eine 45° schräge Eckfuge zu gebrauchen. (Siehe Fig. 27.)

Dadurch wird eine vom ursprünglichen Fugennetz abweichende Fuge P_2 eingeführt. Deshalb müssen in der andern, 2. Schichte, die Steine so gelegt werden, daß die Fuge P_1 des ursprünglichen Netzes, die sich mit P_2 decken würde, einfach nicht zur Anwendung kommt.

Beispiele.

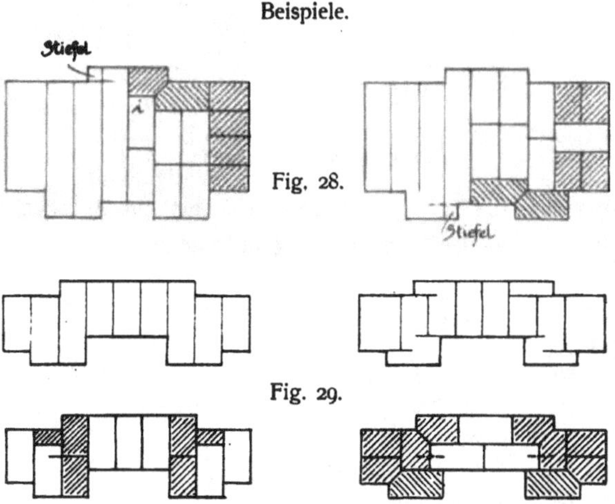

Fig. 28.

Fig. 29.

2. Die regelrecht erhaltenen Fugenlinien umschließen an einer einspringenden Ecke eine Fläche, deren Länge und Breite beide auf $^3/_4$ Stein ausgehen.

Man erreicht dann in der Schichte, wo eine solche Fläche auf-

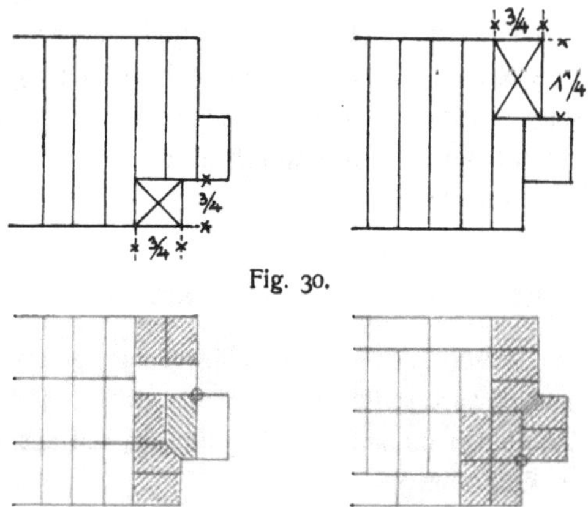

Fig. 30.

tritt, durch Anwendung der schrägen Eckfuge, daß eine Abmessung dieser Fläche auf $^1/_2$ Stein ausgeht, und muß dann in der andern Schichte eine sonst regelrechte Fuge P um $^1/_4$ Stein verlegen, so daß hier 2 Fugen durch die einspringende Ecke gehen.

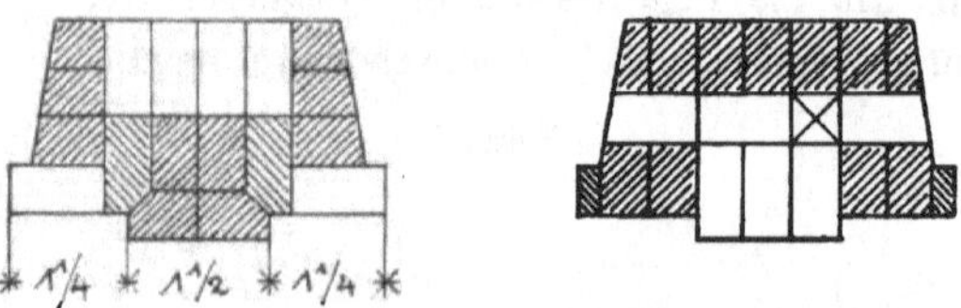

Fig. 31.
Fensterpfeiler mit Lisene.

Verkürzt man die Breite dieses Fensterpfeilers um $^1/_4$ Stein, ebenso die Lisenenbreite, so wird die Verbandlösung bedeutend ungünstiger. (Fig. 32.)

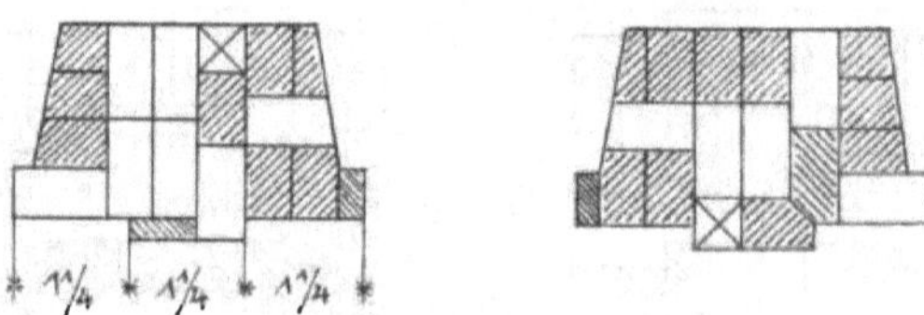

Fig. 32.

Allgemeines Gesetz:

Man erkennt aus all den angeführten Beispielen, daß die Fugen S bei Anwendung der schrägen Eckfuge stets unverrückt (in $^1/_2$ Stein gegenseitigem Abstand) bleiben. Nur einige P-Fugen werden aus ihrer sonst gesetzmäßigen Lage verlegt.

Die beiden angeführten Merkmale für die Notwendigkeit schräger Eckfugen sind sich, theoretisch betrachtet, gleich und man kann sie zusammenfassen in die eine Regel: Wenn eine nach dem Eckfugengesetz abgeleitete Eckfuge mit der Richtung P einen auf $^1/_4$ Stein ausgehenden Abstand vom Mauerumriß hat, so ist sie durch eine schräge Fuge zu ersetzen.

Mauerecken. Mauerkreuzungen.

Da, wo zwei Mauern (recht- oder schiefwinklig) zusammentreffen (sei es in Form einer Mauerecke, einer T- oder +förmigen Mauer oder bei rechteckigen Hohlräumen im Mauerwerk), tritt deutlich ausgesprochen die einspringende Ecke auf.

Auf diese hat man bei der Verbandlösung sein erstes Augenmerk zu richten und vor allem das Gesetz über den Verlauf der Eckfugen anzuwenden.

Es darf also durch eine einspringende Ecke in jeder Schichte nur eine Fuge gehen, das gibt bei jedem Kreuzungswinkel in der einen Schichte die Verlängerung der einen innern Mauerflucht und in der andern Schichte die Verlängerung der innern Flucht der andern Mauer.

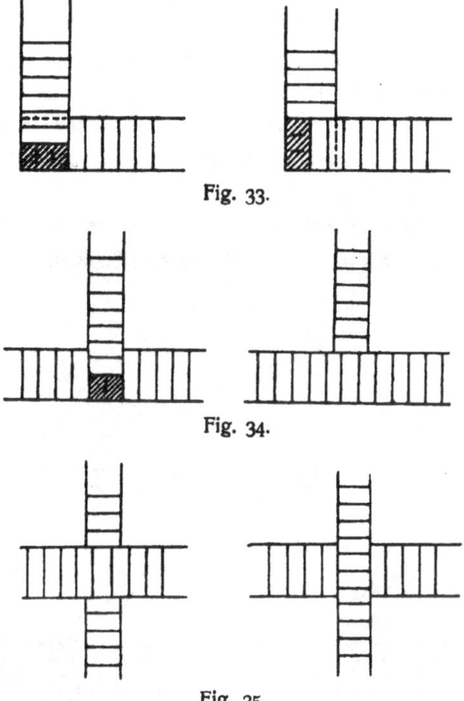

Fig. 33.

Fig. 34.

Fig. 35.

Bei T- und +-förmigen Mauern treten je 2 in einer Flucht liegende einspringende Ecken auf, und man läßt die 2. Eckfuge in der gleichen Schichte stets parallel oder in einer Fortsetzung mit der ersten laufen, denn es ist unmöglich, sie senkrecht zur ersten zu ziehen, da sonst 2 Eckfugen in ein- und derselben Ecke enstünden.

Es ergibt sich also durch bloße Anwendung des Eckfugengesetzes von selbst: Es geht immer in der einen Schichte die eine Mauer, in der andern die andre Mauer für sich durch.

Nur beim **stumpfwinkligen Mauereck** ist es besser, die Eckfuge in der einen Schichte senkrecht zur einen Mauerflucht und in der andern Schichte senkrecht zur andern Mauerflucht zu wählen. Es wird dadurch die Fläche, innerhalb der spitzwinklige Steine verwendet werden müssen, auf ein Mindestmaß beschränkt. (Fig. 36.)

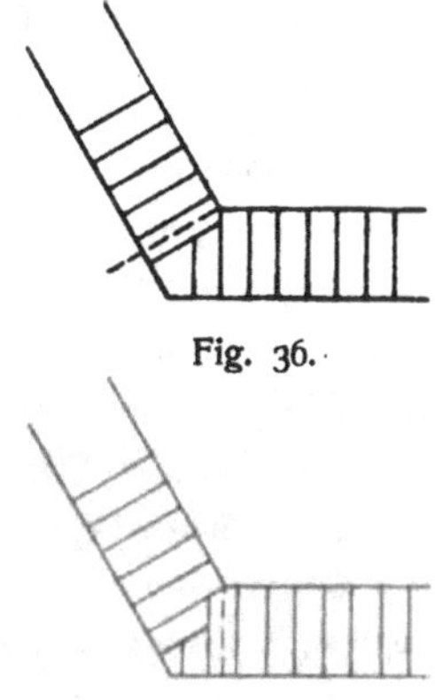

Fig. 36.

Bei den recht- und stumpfwinkligen Mauerkreuzungen gelten die Eckfugen als erste S-Fugen und zwar für die zu ihnen senkrecht verlaufende Mauer, **sie gehen daher in jeder Schichte bis an die äußere Mauerflucht hinaus.** Man hat also bloß noch in jeder Mauer sämtliche übrigen S-Fugen in $^1/_2$ Stein Entfernung daran anzureihen. In der nächsten Schichte liegen die S-Fugen über der Mitte zwischen denen der 1. Schichte.

Hierauf ergeben sich in beiden Schichten von selbst die Stellen (in den Figuren schraffiert), an denen Dreiquartiere verlegt werden müssen, und auch die Richtung, in der sie zu legen sind, ist unzweifelhaft gegeben.

Das ganze Verfahren bei diesen Mauerecken und Kreuzungen ist also kein anderes, als bei anderen Grundrißformen, es bildet immer wieder die Einteilung in die S-Fugen die Richtschnur für die Lösung.

Bei **spitzwinkligem** Zusammentreffen von Mauern können jedoch die Eckfugen nicht als für die nächste Schichte zu verschiebende S-Fugen gelten, da doch die Fugen S senkrecht zur Mauerflucht stehen müssen, auch gehen sie hier nicht bis ganz an die äußere Flucht, sondern **nur bis zur äusseren Läuferreihe**, da keine Fuge schräg ausmünden soll, um spitzwinklige Steine und breit erscheinende Fugen in Backsteinfassaden zu vermeiden.

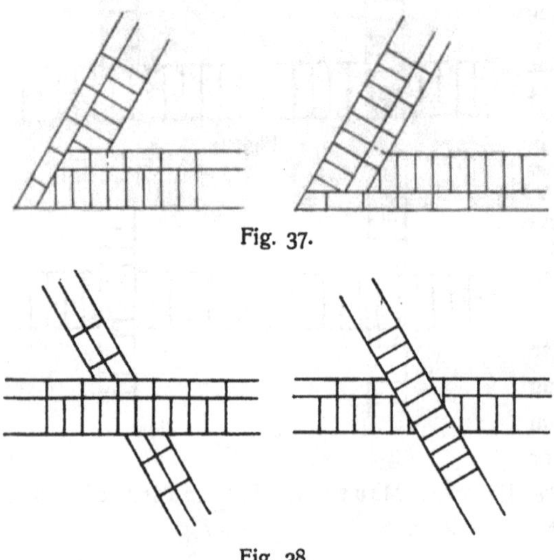

Fig. 37.

Fig. 38.

Die Einteilung der S-Fugen könnte hier eigentlich willkürlich begonnen werden, sie erfolge jedoch im Hinblick darauf, daß womöglich nicht 2 Fugen zugleich durch eine einspringende Ecke sich bilden. Dies wird vermieden, wenn man in der Mauer, die auf der Innenseite eine Läuferreihe erhalten muß, die erste S-Fuge auf die einspringende Ecke hin richtet, nicht aber wirklich hingehen läßt, was eben dadurch bewirkt wird, daß man von vornherein einen Läufer mit der Mitte seiner Langseite an die einspringende Ecke legt. Dann werden in der andern Schichte dieser Mauer die Binderfugen in $^1/_4$ Stein Abstand von der Ecke ausmünden.

Welche von den S-Linien als Läuferfugen an der Außenseite voll zur Geltung kommen sollen, wird darnach bestimmt, daß jede Läuferreihe an der äußern Mauerecke noch mit einem möglichst großen zubehauenen Steine beginne, wenn dann auch bei 2 oder 3 Stein starken Mauern (außen und innen Läufer) neben der festzuhaltenden ersten S-Fuge ein Kopfstück restiert.

Bei mehrfach aufeinanderfolgenden, rechtwinkligen Mauerecken (s. Fig. 39—42) gilt natürlich für jede Ecke für sich das Eckfugengesetz, mit andern Worten, das Gesetz über das Durchgehen der Mauern, aber es leuchtet ein, daß die Lösung der zweiten Ecke von der an

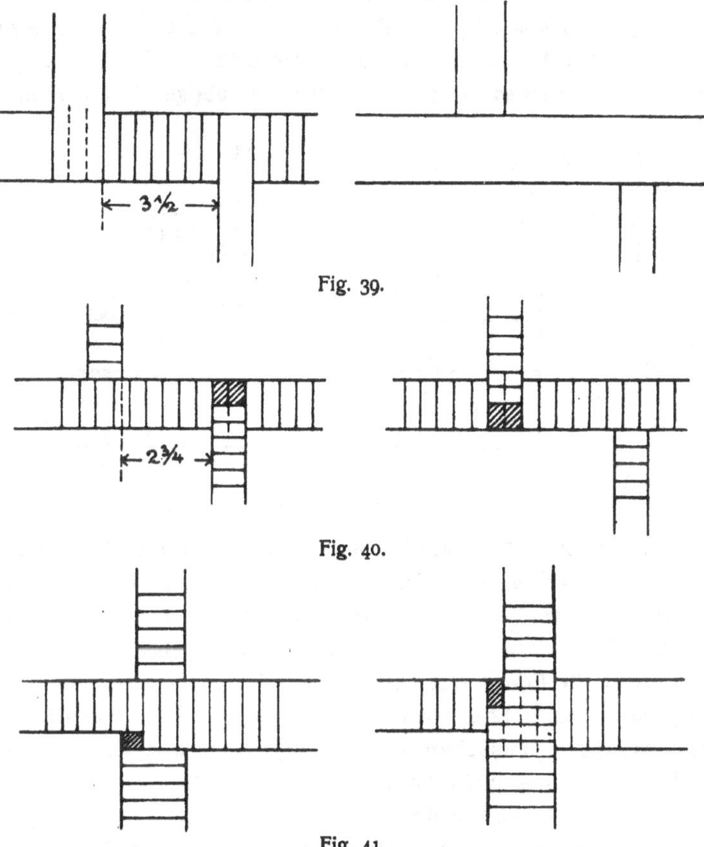

Fig. 39.

Fig. 40.

Fig. 41.

der ersten Ecke abhängig ist. D. h. nach erfolgter Einzeichnung der Fugen durch die erste Ecke kann die Fuge durch die zweite Ecke in keiner Schichte willkürlich wag- oder senkrecht gezogen werden.

Die bloße Kenntnis des Gesetzes über das Durchgehen der Mauern ist daher nicht ausreichend, wenn man ohne Stockung zum Resultat gelangen will, sondern es löst auch hier das Prinzip der Einteilung der Mauerzüge in die S-Fugen in beiden Schichten mit einem Schlage alle

Fragen, die bei Befolgung der alten Methode auftauchen würden, ohne daß sie sofort bestimmt beantwortet werden können.

Ein Beispiel dafür, wie ohne Aufenthalt die Fugen aus den bereits erhaltenen entwickelt werden können, gebe die Lösung des mehrfachen Mauereckes in Fig. 42.

Begonnen werde bei der Ecke 1. Zieht man durch sie S_1 senkrecht und S'_2 (1. Sch.) wagrecht, so stellt man damit die Grenzen für die Mauerzüge I und II in beiden Schichten her. Man teile jetzt den Mauerzug I in seine S-Fugen ein: also in der 2. Sch. an S_1 die übrigen S nach rechts an-

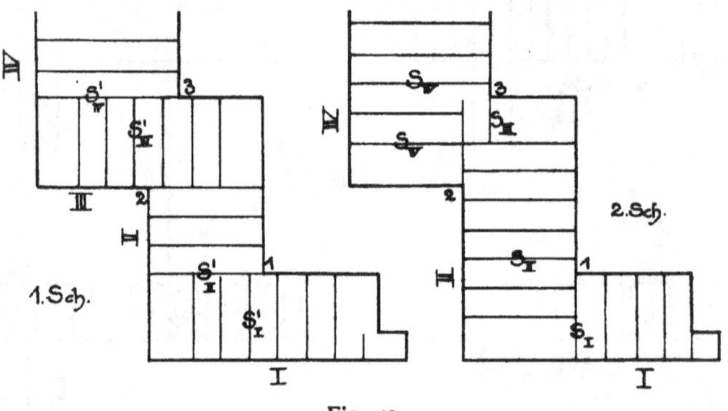

Fig. 42.

gereiht, S_1 in die 1. Sch. nach S'_1 verschoben und nach beiden Seiten die übrigen S-Fugen festgelegt. Für den Mauerzug II ist S'_2 die erste S-Fuge, demnach verschiebe man sie in die 2. Sch. nach S_2 und reihe in beiden Schichten die übrigen S des Mauerzuges II an. Hierbei entsteht in der 1. Sch. durch die Ecke 2 eine Eckfuge wagrecht; dieser entsprechend ziehe man sofort in der 2. Sch. durch dieselbe Ecke 2 die Fuge senkrecht. Der Zusammenhang zwischen der Eckfuge 1 und 2 innerhalb jeder Schichte ist auf diese Weise unzweifelhaft richtig gefunden. Eckfuge 2 in der 2. Sch. gehört sofort in die 1. Sch. nach S'_3 verschoben. An S'_3 sind die S-Fugen für den Mauerzug III anzureihen. Durch die Ecke 3 geht in der 1. Sch. keine dieser S, daher ist hier die Eckfuge S'_4 sicherlich wagrecht anzuordnen und dementsprechend in der 2. Sch. senkrecht. S'_4 ist eine S-Fuge für den Mauerzug IV, dieser kann daher in beiden Schichten sogleich in seine S eingeteilt werden.

Sind nun alle 4 Mauerzüge in ihre S-Fugen eingeteilt, so erkennt man ohne weiteres die Stellen für die Dreiquartiere, und den fortlaufenden Verband in jedem Mauerzug zu zeichnen, ist dann leichte Sache.

Beispiele für reicher gegliederte Mauerecken.

Die Kreuzungsstellen werden wieder ganz allgemein gelöst, indem man sie nach einer Richtung in die S-Fugen teilt. In der einen Schichte werden sofort die Dreiquartire sichtbar, deren P-Fugen in die andre Schichte ver-

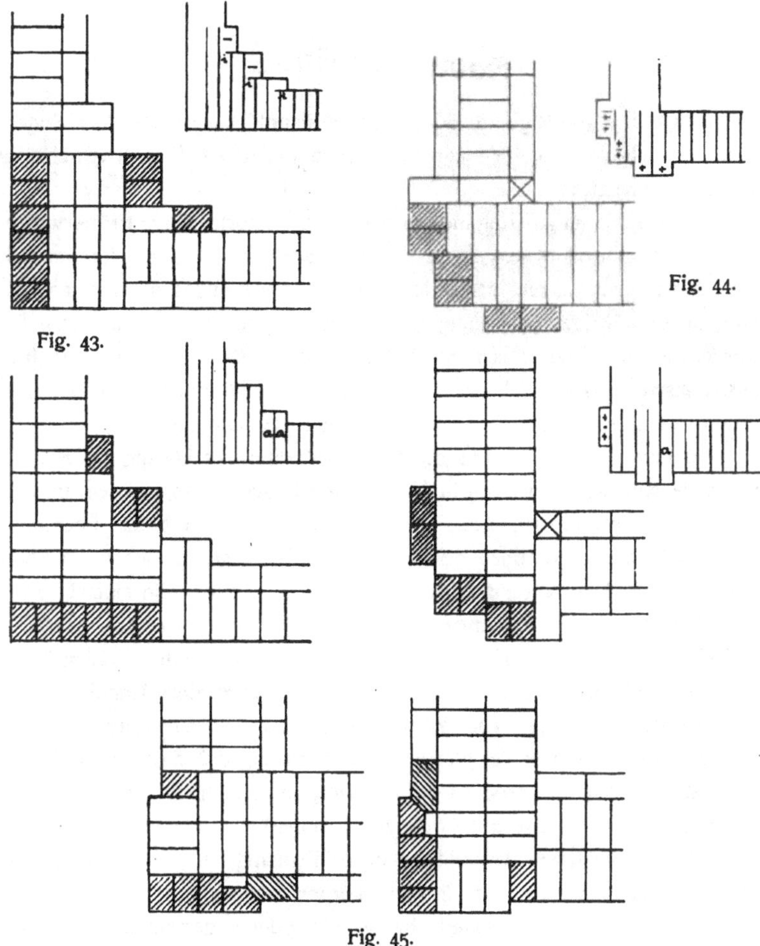

Fig. 43.

Fig. 44.

Fig. 45.

schoben werden. (Verschiebungsgesetz s. Seite 10, 11 u. 17: Fugen i). Unter Beachtung des Eckfugengesetzes belege man die Streifen, deren Länge beiderseits begrenzt ist (z. B. Streifen a in Fig. 43 womöglich nur mit ganzen Steinen (Anschlußverband).

Ist die Ecke nach beiden Richtungen symmetrisch gebildet, wie in diesen letzten Figuren 43—45, so kann man auch hier wie bei Pfeilern das Gesetz erfüllt sehen, daß die eine Schichte das um die 45^0 Diagonale (Halbierungslinie) umgewendete Bild der andern wird. (Siehe S. 19!)

Kaminverbände.

Deutsche (besteigbare) Kamine, überhaupt Mauern mit viereckigen, größeren Schächten, werden wie Mauerecken mittels des Einteilungsschemas der S-Fugen gelöst.

Russische (enge) Kamine erfordern jedoch noch nähere Erörterungen. Es ist unbegründeterweise den Verbänden der russischen Kamine mit viereckigen Rauchzügen bisher nur geringe Beachtung geschenkt worden. Die an die übrigen Verbände, überhaupt an jede Konstruktion gestellte Forderung der Sparsamkeit an Material- und Arbeitsaufwand wird hier ausnahmsweise fallen gelassen und selbst Konstruktionslehrbücher bringen Kaminverbände, die sich bedeutend einfacher gestalten ließen.

Da man bisher noch nur dürftige Anleitungen zur Lösung der Kaminverbände gab, war man auf ein langwieriges Probieren angewiesen, und es ist nicht zu verwundern, dass der Praktiker sich dieser Mühe überhaupt überhob, sollte er ja doch bei der großen Zahl der für jeden Einzelfall möglichen richtigen Lösungen noch untersuchen, welches die einfachste sei.

Es soll nun der Weg angegeben werden, auf dem man sofort zu dieser einfachsten Lösung mühelos ohne zeitraubendes Probieren gelangen kann.

Glücklicherweise lassen sich die sämtlichen, anscheinend unübersehbar verschiedenartigen Fälle von Kamingebilden nach einem einheitlichen Prinzip lösen, und es sei gleich vorausgeschickt, daß dieses dasselbe ist, wie bei den bisher besprochenen Grundrißformen, nämlich das Prinzip, mit der Einteilung in die S-Fugen zu beginnen.

Für die praktische Anwendung dieses Prinzips ist jedoch eine geeignete Auffassung der Kamine als Mauerkörper notwendig.

Es ist nämlich jeder Kamin, freistehend oder angemauert, nicht etwa als ein mit Hohlräumen durchsetzter Pfeiler aufzufassen, um ihn als Ganzes, unbekümmert um die Kanäle, mit den S-Fugen überziehen zu können. Vielmehr hat man ihn anzusehen als Gebilde, zusammengesetzt aus rechtwinklig sich kreuzenden, wenn auch oft kurzen, $^1/_2$ Stein starken Mauerzügen.

Wie bekannt, greift beim Zusammenstoß zweier verschieden gerichteter Mauerzüge in jeder Schichte die eine Mauer in die andre ein. Die wichtigste Frage, auf die die Lösung der Kaminverbände hinausläuft, ist also die: Wie greifen die einzelnen Mauerzüge von ein- und derselben Schichte in einander ein?

Kann diese Frage für die eine Schichte bestimmt beantwortet werden, so ist aus dieser natürlich leicht die zweite Schichte durch bloße Anwendung des Eckfugengesetzes gewonnen.

Vor Beantwortung dieser Frage sollen jedoch die erforderlichen Eigenschaften des besten Verbandes bestimmt fixiert werden.

Unter allen an und für sich richtigen Lösungen, in denen also keine Verstöße gegen den Fugenwechsel von Schichte zu Schichte vorkommen, muß jene als die beste anerkannt werden, die die geringste Zahl behauener Steine innerhalb zweier Schichten enthält.

Bei Kaminen können mit Vorteil auch Riemchen ($^1/_4 \times ^1/_2$ Stein = halbe Riemchen) und Längsquartiere ($^1/_2 \times 1$ Stein = ganze Riemchen) neben den Dreiquartieren als behauene Steine zugelassen werden. Denn die strenge Verwerfung derselben führte zu Ergebnissen, die oft die doppelte Anzahl von behauenen Steinen beanspruchen würden. Bedenkt man ferner, daß bei Herstellung von Dreiquartieren oder Längsquartieren aus einem ganzen Stein manches Riemchen abfällt, das sonst weggeworfen werden müßte, so bedeutet deren Verwendung umsomehr eine Ersparnis an Material und Arbeit. Ein Vergleich der folgenden zwei verschiedenen Lösungen ein- und desselben Falles wird das bestätigen.

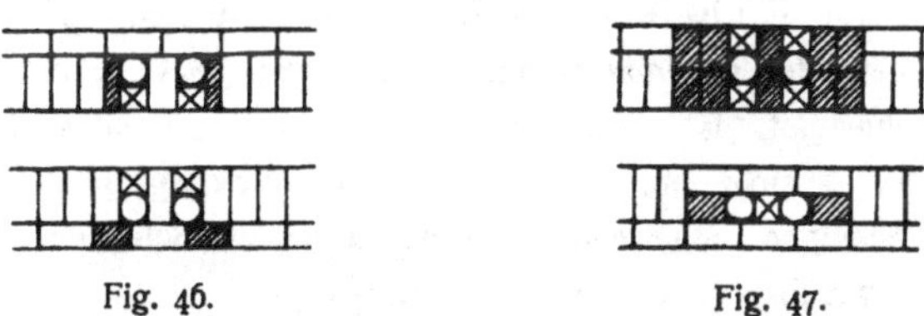

Fig. 46. Fig. 47.

Mit Rücksicht auf die Festigkeit und korrekte Ausführung des Mauerwerks sollte jedoch die Zahl der Riemchen und Längsquartiere (diese auch schwieriger durch Verhau herstellbar) möglichst beschränkt werden, ihre Verwendung erfolge nur da, wo man dadurch eine viel größere Anzahl von Dreiquartieren vermeidbar machen kann. Aber prinzipiell umgehen lassen sich die Längsquartiere und halben Riemchen nicht, selbst wenn man größte Zahl behauener Steine zulassen wollte.

Allgemeines Lösungsverfahren.

Um obige Frage betr. des Einbindens der verschiedenen Mauerzüge klar zu fassen, unterscheide man dieselben bestimmt in:

1. Die Kaminumfassungswände ($^1/_2$ St. stk.) = 2 Längswände (auch Wangen genannt),
2. bei angemauerten Kaminen die Gebäudemauern (Scheide- und Tragmauern),
3. die Zungen (mittlere und Endzungen), d. s. die Trennungswände zwischen den einzelnen Kanälen senkrecht zur Kaminlänge.

Die Lösung beginne man bei den freistehenden Kaminen an einer Längswand und bei angemauerten mit den Gebäudemauern.

Es sei gleich hier die merkwürdige Tatsache konstatiert, daß bei den besten, d. h. einfachsten Verbänden die gesetzmäßige Einteilung der Gebäudemauern in ihre S-Fugen durch das Anmauern und selbst durch das Hineinsetzen von Kaminen nicht gestört wird. Es bleiben also die S-Fugen unbekümmert um den Kamin stets $^1/_2$ Stein voneinander entfernt, und auch der gesetzmäßige Zusammenhang zwischen zwei zusammenstoßenden Gebäudemauern bleibt durch das Eingreifen eines Kamines unverändert.

Daher **beginne man die Lösung an den Gebäudemauern mit deren Einteilung in ihre S-Fugen stets so, als ob nur diese Mauern vorhanden wären.** Bei freistehenden Kaminen ist an Stelle der Gebäudemauer die eine Längswand in die S-Fugen einzuteilen.

Die hierbei auf Kanalecken treffenden S-Fugen bestimmen von selbst das Einbinden der End- oder mittleren Zungen in die Gebäudemauer oder Kaminlängswand. Da, wo eine S-Fuge in eine Zunge hinein gerichtet ist, ist diese Zunge mit dem Kanalrand abzuschneiden, d. h. sie bindet nicht ein. Wird ferner das Eckfugengesetz auf alle diese Kanaleckfugen angewendet, so ist in beiden Schichten alles unabänderlich Notwendige fixiert. (Siehe Fig. 48—54.)

Hierauf bleibt nur noch übrig, die Kaminmauern unter sich in den richtigen Zusammenhang zu bringen, in jenen Zusammenhang, der der besten Lösung eigen ist. Oder mit andern Worten: es entsteht die Frage,

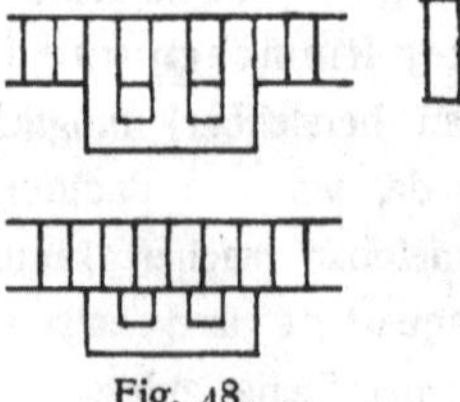

Fig. 48.

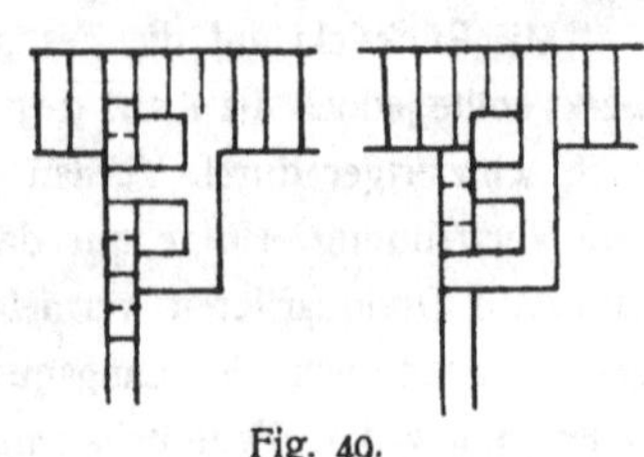

Fig. 49.

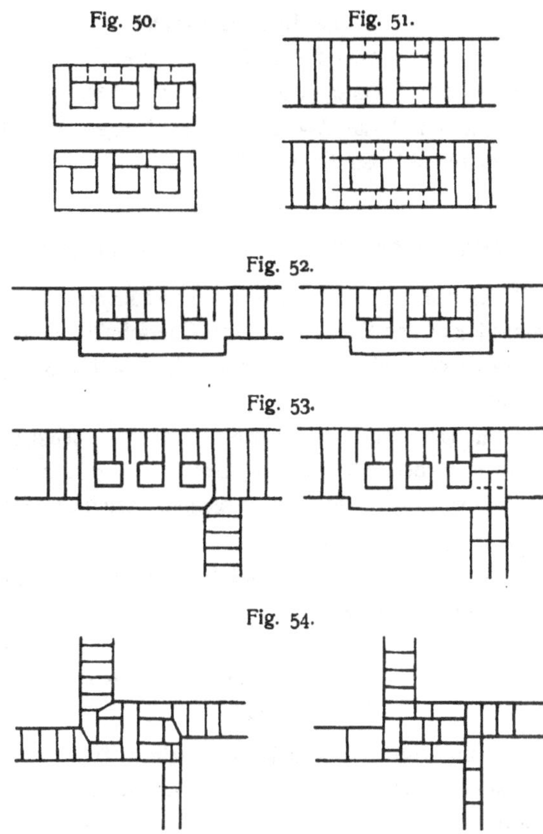
Fig. 50. Fig. 51. Fig. 52. Fig. 53. Fig. 54.

ob und wie die Zungen in die noch nicht berührte Längswand des Kamins eingreifen sollen, d. h. wie ist diese freie Kaminwand in ihre S-Fugen zu teilen?

Für die Beantwortung dieser Frage ist wieder ausschlaggebend das Prinzip, behauene Steine so sehr wie möglich sowohl in den Zungen als auch in der Längswand des Kamines zu vermeiden. Geleitet einzig und allein von diesem Bestreben, ohne sich also bestimmte, empirische Regeln merken zu müssen, wird man allgemein bei jedem Kamingebilde und jedem Kanalquerschnitt rasch beantworten können, wie die Zungen am günstigsten beschaffen und gerichtet sind.

Für sich allein betrachtet, kann eine Zunge in ein- und derselben Schichte entweder

1. nur in eine Kaminwand allein einbinden und abgeschnitten sein am gegenüberliegenden Kanalrand: einarmige oder einfache Zungen,
2. in beide sich gegenüberliegende Kaminwandungen zugleich eingreifen, beiderseits einbinden = zweiarmige oder Doppel-Zungen.
3. nach beiden Kanalrändern abgeschnitten sein; dieser Fall ist eigentlich identisch mit Fall 2, denn diese Zunge bildet nur die 2. Schichte der Doppelzunge.

In bezug auf die Kaminlängswände, in ein und derselben Schichte, können die verschiedenen Zungen gleichgerichtet, d. h. einseitig, oder wechselseitig (abwechselnd auf verschiedener Seite) einbinden.

Die günstigste Anordnung der Zungen wird bei jedem Kanalquerschnitt für sich zur Sprache kommen.

Zum Gebrauch der in Serien dargestellten Lösungen.

Es sollen im folgenden sämtliche Fälle von Kaminen mit 1 Kanal oder einer Reihe von Kanälen gleichen Querschnitts vorgeführt werden und zwar in ihren einfachsten Lösungen[1]), d. h. mit geringster Anzahl behauener Steine.

Im Überblick über die Unzahl von denkbaren Kaminbildungen kann man bei jedem Kanalquerschnitt 4 verschiedene Typen von, an eine oder mehrere Mauern angefügten Kaminen unterscheiden:

Typus a: ein Kanal

Typus b: 2 Kanäle in der Richtung der Gebäudemauer nebeneinander,

Typus c: 2 Kanäle nebeneinander in der Richtung senkrecht zur beiderseits durchlaufenden Gebäudemauer (Hauptmauer),

Typus d: 3 und mehr Kanäle nebeneinander parallel oder senkrecht zur Hauptmauer.

Nun kann innerhalb jedes einzelnen Typus nur noch die Stärke der Gebäudemauern sowie die Größe des Kaminvorsprungs vor diese Mauer variieren.[2])

An den einfachsten Lösungen aller denkbaren Fälle von gleichem Typus sind nun folgende **2 empirische Hauptregeln** wahrzunehmen:

I. Die Stärke der Gebäudemauern hat keinen Einfluß auf die Verbandanordnung; die Lösung ist also nur verschiedenartig je nach der Größe des Kaminvorsprungs.[3])

---

1) Wo es mehrere gleichwertige Lösungen für ein und denselben Fall gibt, sind die Varianten speziell aufgeführt. Die Zahl der behauenen Steine innerhalb je zweier Schichten zusammengezählt, ist durch arabische Ziffern bei jeder Lösung angegeben. Die mit * bezeichneten Lösungen enthalten außerdem geringste Riemchenzahl.

2) Die Figuren sind demnach versehen mit der Zahl (römisch) der halben Steine, die der Kaminvorsprung mißt. Der zuweilen angehängte arabische Index (z. B. II_1) drückt die im Kamin restierende Gebäudemauerstärke R (in halb Steinmaß) aus.

3) Deshalb konnte der figürliche Teil auf die Darstellung der Verbände für verschiedene Kaminvorsprünge bei einem speziellen Abstand (1 Stein) des innersten

Wenn die Mauer bei einem neuen Stockwerk auf der Seite des Kaminvorsprungs absetzt (ihre Stärke verändert), so treten Änderungen im Kaminverband auf. — Setzt sie jedoch jenseits des Vorsprunges ab, so bleibt dieser und somit auch der Verband vollkommen derselbe und man hat nur den fortlaufenden Verband auf die betreffende Mauerstärke einzurichten.[1])

II. Selbst bei beliebiger Größe des Kaminvorsprungs tritt innerhalb desselben Typus in den besten Lösungen stets die gleiche Anordnung der Kanaleckfugen auf: **Schema der Kanaleckfugen.**[2])

Der Einfluß des Vorsprungs auf die Verbandanordnung macht sich also nur bei den äußern einspringenden Ecken der Kaminanlage geltend.

Das Schema der Kanaleckfugen für eine Schichte allein zu kennen, würde zur Lösung genügen, denn das der andern Schichte geht aus ihm

---

Kanalrandes von der jenseitigen Mauerflucht beschränkt bleiben und ist nur zur Demonstration des Hauptgesetzes I bei einigen Typen (Fig. 73—80, 82 u. 84, 88 u. 91, 93 u. 96, 99—102, 137 u. 139, 142 u. 144) derselbe Vorsprung noch mit verschiedener Gebäudemauerstärke vorgeführt.

1) Aus diesen dargestellten für den jeweiligen Vorsprung und Kanalquerschnitt typischen Lösungen kann für den Fall einer andern Mauerstärke sofort die entsprechende Lösung gebildet werden, indem man vom fortlaufenden Verbande jenseits des Vorsprungs einfach $^1/_2$ St.-Breite geradedurch abschneidet oder eventuell $^1/_2$ St.-Breite hinzufügt. Vergleiche letzterwähnte Figuren.

Bei den einhalb Stein starken Gebäudemauern ist auch in diesen an der Anschlußstelle an den Kamin die Einschaltung von je 1 Dreiquartier nötig, d. h. eine Abweichung von der regelrechten S-Fugenteilung, wenn man nämlich diese Fugen genau auf die Mitte der Läufer der vorhergehenden Schichte treffen lassen will. Siehe Fig. 56 u. 57 sowie die sämtlichen Fälle mit einer einseitigen einhalb Stein starken Nebenmauer.

Bei den Fällen R = 2 kann an Stelle dieses Dreiquartiers ein Längsquartier treten, wenn in der andern Schichte die Kaminwandteilung vor dem Kanalrande mit einhalb Stein endigt. In diesem Falle ersetzt dieses Längsquartier 4 behauene Steine. Lösung Fig. 58 statt 57.

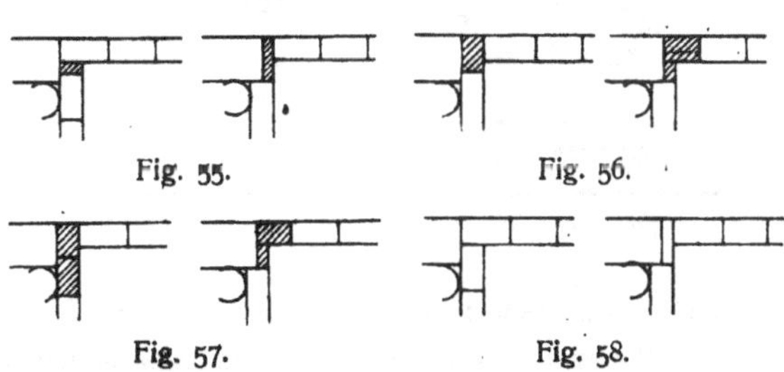

Fig. 55. Fig. 56. Fig. 57. Fig. 58.

Endigt dagegen diese Teilung mit einviertel oder dreiviertel Stein, so wird ein Längsquartier keinen eigentlichen Vorteil mehr bringen und an seine Stelle treten besser 2 behauene Steine (1 Dreiquartier und einhalb Riemchen) Fig. 56 statt Fig. 55, welche beide Steine schneller als das Längsquartier durch Verhau herzustellen sind.

2) Diese Schemas sind an der Spitze jedes Typus dargestellt. Sie gelten für die spezielle Situation der Figuren, d. h. bei der man die Hauptmauer vor sich uud den Kaminvorsprung diesseits hat.

Bei Vorhandensein einer zweiten Scheide-(Neben-)mauer können die Lösungen ohne weiteres aus den entsprechenden ohne diese Mauer dargestellten Typen gewonnen werden, weshalb von einer Vorzeichnung jener Fälle meist abgesehen werden konnte.

zufolge des Eckfugengesetzes (s. S. 10) unabänderlich hervor; und die Fugen durch die erwähnten äußern Ecken ergeben sich ebenfalls durch Anwendung des Eckfugengesetzes (wenn eine Kanaleckfuge gerade durch eine dieser andern Ecken geht) oder durch Anwendung der regelmäßigen S-Fugenteilung der Gebäudemauer, da stets in einer der Kanaleckfugen eine S-Fuge schon vorgezeichnet ist.

Ausdrücklich betont sei jedoch, daß diese Methode der Lösung mittels dieser Schemas anstatt einer Entwicklung der Lösung angewendet werden kann, also nicht etwa neben letzterer noch notwendig ist.

A. Kanalquerschnitt: einhalb Stein.

Erwägung der günstigsten Zungen.

Die 2 verschiedenen Möglichkeiten a und b der Zungenanordnung bei der jeweiligen Lage des Kanals innerhalb der Mauer sind in der gleichen Schichte nebeneinander gezeichnet, die 2. Schichte darunter.

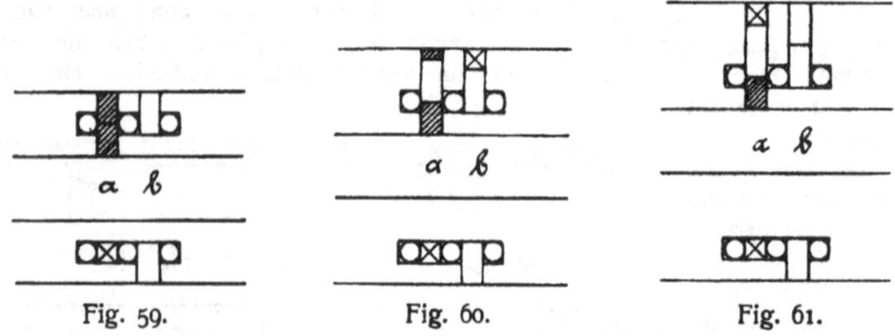

Fig. 59. Fig. 60. Fig. 61.

Es ergeben sich also in jeder Doppelzunge (a) 3 behauene Steine, in beiden Schichten zusammengezählt, und zwar in jedem Falle, wie tief sich auch der Kanal in der Mauer befinde.

Die Länge von einfachen Zungen (b) kann immer nur auf 1 oder $^1/_2$ Stein ausgehen, weil die Kanalseite eben $^1/_2$ Stein lang ist. Bei einfachen Zungen fallen also in beiden Schichten die behauenen Steine weg, höchstens im Falle Fig. 61 entsteht ein Kopfstück, das aber meist in die Läuferreihe der Gebäudemauer hineingezogen, d. h. in einen Läufer umgewandelt werden kann.

Die Kaminlängswand wird bei nur einseitigem Einbinden der Zungen am vorteilhaftesten aufgeteilt.

Da die regelmäßige Teilung der Gebäudemauer in ihre S-Fugen ($^1/_2$ St. Abstand) vorausgesetzt ist, so kann das Einbinden der Zungen in diese auch nur einseitig (Fig. 62 u. 63) erfolgen, und es ist ein abwechselndes Einbinden nur in der Kaminwand möglich (Fig. 63). Bei einseitigem Einbinden von einfachen oder Doppelzungen verursacht jeder weitere Kanal 1 beh. Stein mehr in beiden Schichten der Längswand (s. Tabelle zu Fig. 62), während bei abwechselndem Einbinden an der gleichen Längswand jeder weitere Kanal 2 beh. Steine erfordern würde (s. Tab. zu Fig. 63).

	Fig. 62.	Fig. 63.
Bei 3 Zg.	4 beh. St. i. d. Lgswd.	2 beh. St. i. d. Lgswd.
„ 4 „	5 „ „	4 „ „
„ 5 „	6 „ „	6 „ „

Es gilt also allgemein für die **Entwicklung sämtlicher Lösungen bei $^1/_2$ Stein Querschnitt:** Nach vollzogener Einteilung der Gebäudemauern in jeder Schichte möglichst nur einarmige Zungen anzuordnen, so daß die freie Kaminlängswand gewöhnlich nicht dieselbe S-Fugenteilung hat, wie die Gebäudemauer oder gegenüberliegende Kaminlängswand.

Dies gilt auch für den Querschnitt $^1/_2 \times ^3/_4$, bei dem die $^3/_4$ Steinlänge am besten parallel zur Gebäudemauer angelegt wird.

1. Freistehende Kamine ($^1/_2$ Stein Querschnitt).

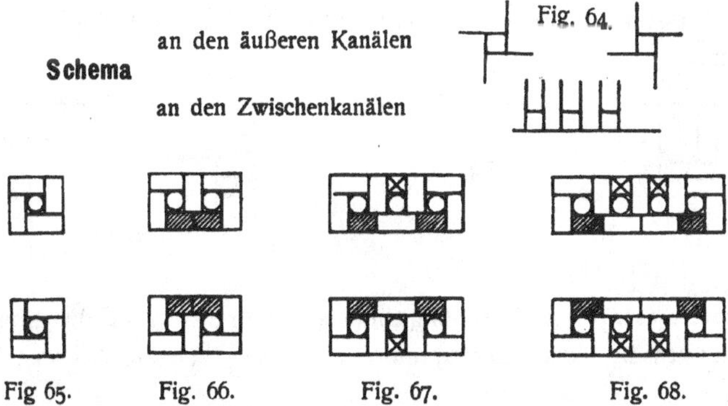

Fig 65. Fig. 66. Fig. 67. Fig. 68.

Entwicklung. Man beginne die S-Fugenteilung der einen Längswand an der Ecke mit einem ganzen Stein, hierauf stets $^1/_2$ St. Abstand nehmend. Zwecks Teilung der andern Längswand dienen einarmig-einseitige Zungen.

2. Angemauerte Kamine ($^1/_2$ Stein Querschnitt).

Allgemeines für alle Typen.

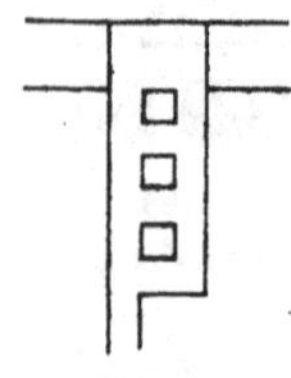

Fig. 69.

In allen Fällen, ob 1, 2, 3 oder mehr Kanäle vorhanden, gilt: In der einen Schichte ist der Kamin für sich isoliert (event. auch mit der Nebenmauer) in die Hauptmauer eingesetzt, ein Gesetz, das im Verein mit dem Schema der Kanaleckfugen die Lösung jedes Falles vollständig bestimmt.

Die sämtlichen Fälle I_1 machen eine Ausnahme von dem Schema ihres jeweiligen Typus. Günstigerweise sind aber alle ihre Lösungen wiederum gleichgebildet, nach dem regelmäßigen Schema Fig. 108.

Überhaupt ließe sich in sämtlichen Fällen, bei denen der innerste Kanal von der Hauptmauer nur $^1/_2$ Stein Stärke übrig läßt, dieses Schema ohne Nachteil anwenden. (Beisp. Fig. 73, 74.)

Allgemeines Fugengesetz für alle Fälle der Typen b, c und d.

(Deutung der Schemas).

Bei 2 und mehr Kanälen von $^1/_2$ St. Querschnitt, gleich in welcher Anordnung, schneidet in jeder Schichte eine ununterbrochene Fuge parallel zur Gebäudemauer längs der in einer Linie liegenden Kanalränder durch; oder mit andren Worten: In der einen Schichte wird die Gebäudemauer, in der andern die Kaminlängswand nach einer ununterbrochen durchlaufenden Fuge abgetrennt.

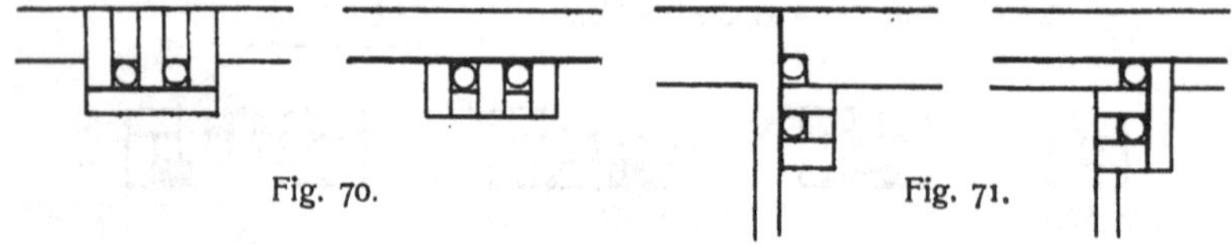

Fig. 70. Fig. 71.

Von dieser Fuge (Trennungslinie) aus münden dann die End- und Mittelzungen in jeder Schichte nur in gleicher Richtung bis ans Äußere heraus.

Dieses Gesetz kann auch bei den Typen a, jedoch nur in den Fällen O_1, III_2, II_3, O_3, Geltung finden; in der anderen Lösungsart dieses Typus (Fig. 73—80) ist es nur teilweise erfüllt, indem nur in der 2. Schichte die Gebäudemauer längs der an ihr liegenden Kanalränder von einer durchlaufenden Fuge durchschnitten ist.

Zur **Entwicklung.** Als Zunge muß hier die zur Hauptmauer parallele freie Kaminwand betrachtet werden. Sie ist daher in allen Fällen nur einarmig anzulegen.

Betrachtet man die beiden seitlichen Kaminwandungen (1. Schichte) als Zungen, so hat man diese einarmig, dagegen die vordere Kaminwand durchgehend zu machen. Die linke der erwähnten seitlichen Zungen läßt sich jedoch bloß in den Fällen in nur ganze Steine (einarmig) aufteilen, wo die Hauptmauerstärke auf 1/2 Stein ausgeht, da nur hier das in der linken Zunge restierende Kopfstück zu einem Läufer der Hauptmauer gemacht werden kann. Dies ist also der Fall bei O_1, III_2, II_3, O_3 (bei I_2 nicht, wegen wiederholter schräger Eckfuge), so daß nur hier die vordere Kaminwand auch durchgehend sich anordnen ließe.

Anmerkungen: Bei II_1 Abweichung von der regelrechten S-Fugenteilung der Hauptmauer (s. S. 35).

Betreffs I_1 siehe Bemerkung Seite 38 oben. I_1 und II_1 hat das reguläre Schema nach dem auch O_1 gebildet werden könnte. Siehe Seite 38 oben.

Betreffs III_2 siehe Fig. 58.

Typus a mit Nebenmauer.

Die zweite Scheidemauer bildet einfach die Fortsetzung der links durchgehenden Zunge der 1. Sch., während sie sich an die 2. Sch. stumpf anschließt. Das Eckfugenschema bleibt dasselbe.

Ist die Nebenmauer rechts angeordnet, so ist das Spiegelbild der Verbände (Fig. 72—80) zu verwenden. Bei III_1 kann auch das gemeinsame Schema wieder gelten.

Typus a.

Fig. 72.

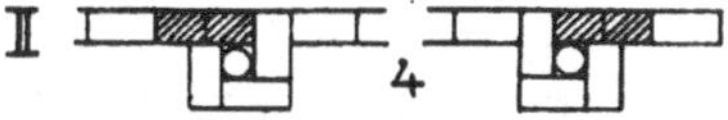

II 4

Fig. 73.

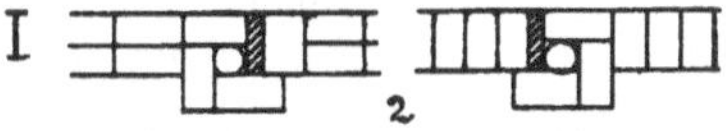

I 2

Fig. 74.

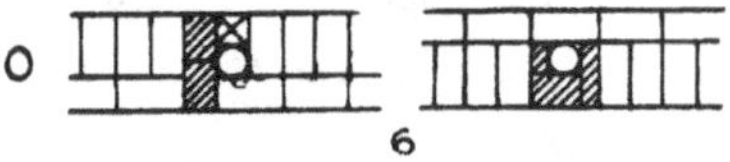

0 6

Fig. 75.

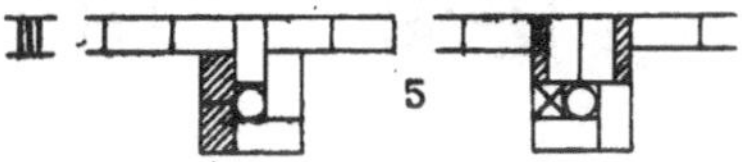

III 5

Fig. 76.

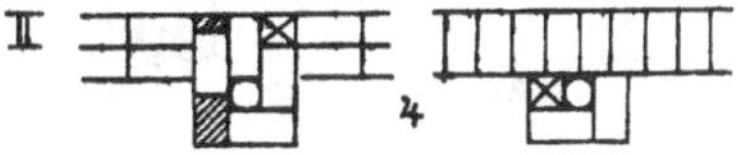

II 4

Fig. 77.

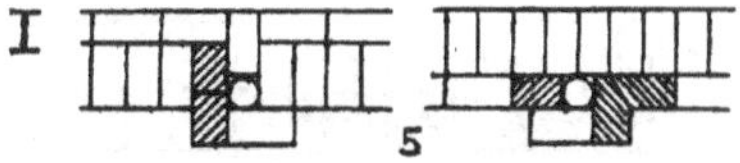

I 5

Fig. 78.

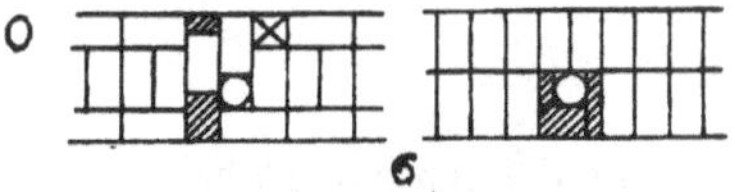

0 6

Fig. 79.

II 4

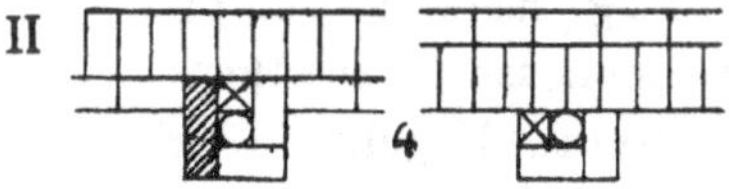

Fig. 80.

Typus b.

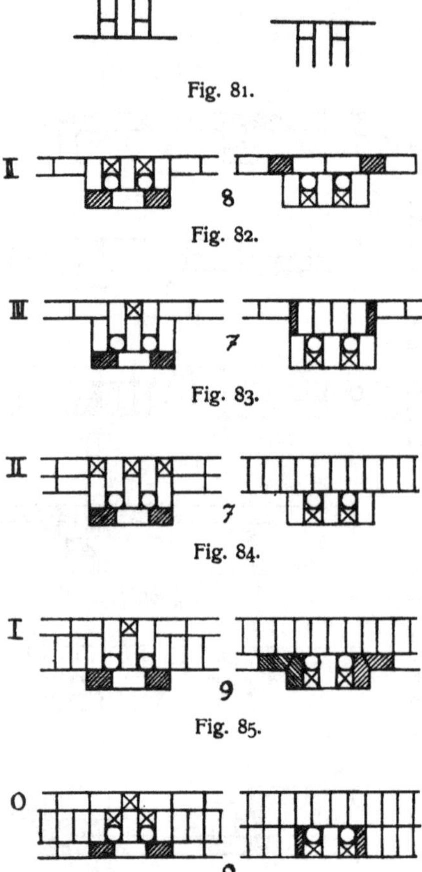

Fig. 81.

Fig. 82.

Fig. 83.

Fig. 84.

Fig. 85.

Fig. 86.

Für die Fälle O_1, I_1, II_1 (R = ½) etc. ist auch das regelmäßige Schema günstig, wie schon Seite 38 bemerkt wurde, wobei in die freie Kaminwand in der einen Schichte nur die mittlere, in der andern nur die 2 seitlichen Zungen eingreifen.

Diese selbe Teilung der freien Kaminwand ergibt sich ohne Nachteil auch bei einem Mauerrest von 1 St. Stk. im Kamin (Typus Fig. 82—86), wenn man in den Lösungen Fig. 83—86 die Mittelzunge der rechts gezeichneten Schichte zweiarmig anlegt und in der andern Schichte beiderseits abschneidet. Diese Ausnahme von der einarmigen Anordnung ist hier insofern möglich, als schon in den einarmigen Mittelzungen der Lösungen (Fig. 82—86) 1 beh. Stein (Kopfstück) unvermeidbar ist. Zwar erhält die zweiarmige Mittelzunge 3 beh. Steine, in der Längswand werden jedoch hierbei 2 beh. Steine erspart.

Von Nachteil wäre die zweiarmige Mittelzunge wieder in den Fällen, wo der Mauerrest überhaupt auf ½ Stein ausgeht und eine einarmige Mittelzunge keines Kopfstückes bedarf.

Die Figuren 82—86 bestätigen die zu ihrer besten Lösung führenden empirischen sowohl wie theoretischen Regeln (S. 37 u. 38, 32—33).

Für die Fälle I ist auch Schema Fig. 87 vorteilhaft.

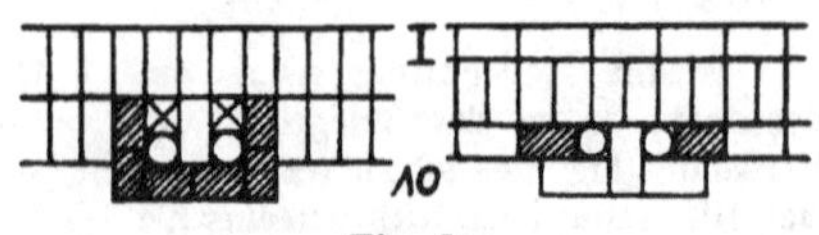

Fig. 87.

Typus b mit Nebenmauer.

Typus c.

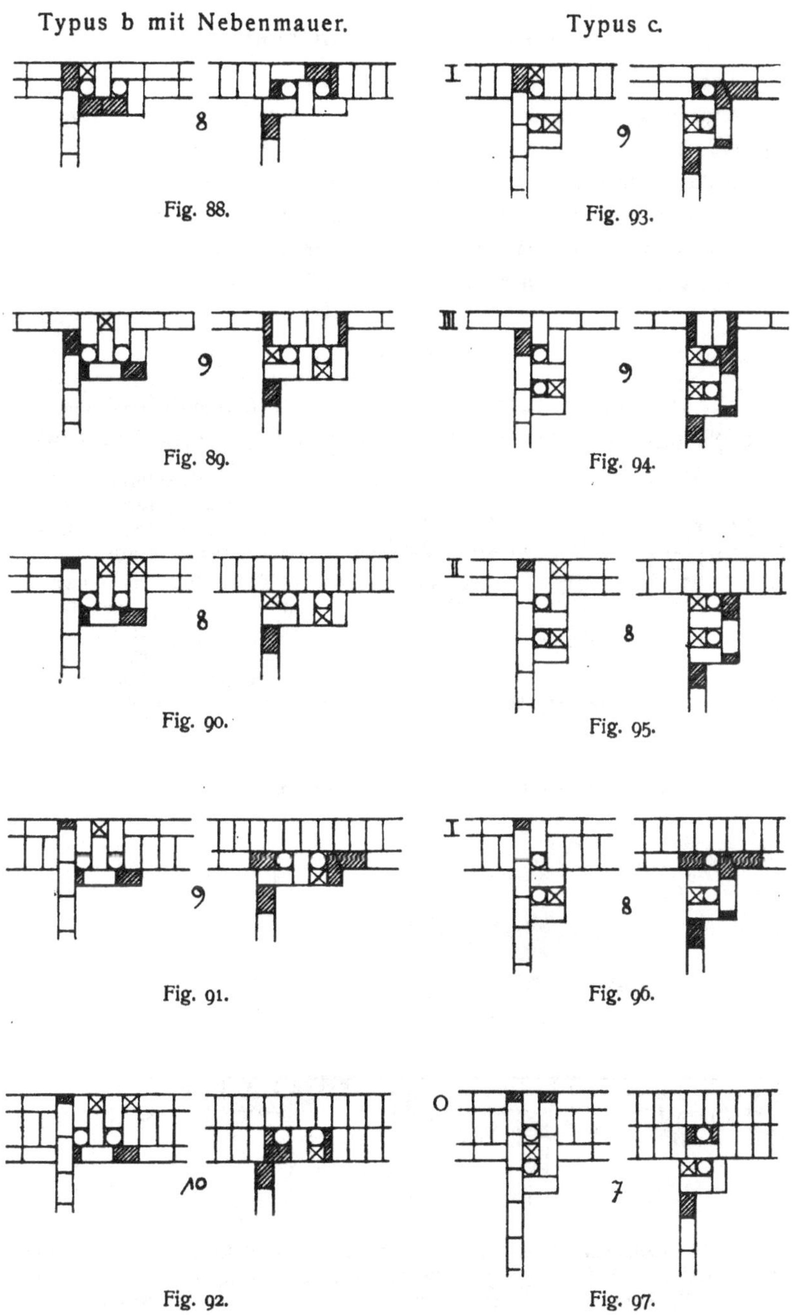

Fig. 88.

Fig. 89.

Fig. 90.

Fig. 91.

Fig. 92.

Fig. 93.

Fig. 94.

Fig. 95.

Fig. 96.

Fig. 97.

Typus b mit Nebenmauer.

Die Lösungen in den Fig. 88—92 verdanken ihre Entstehung einer Entwicklung mittels der gesetzmäßigen S-Fugenteilung beider Gebäudemauern (siehe S. 32) und Anwendung von einarmig-einseitig in die freie Kaminlängswand einbindenden Zungen (s. S. 37 oben).

Gleichwertige Lösungen können aus den Fig. 82—86, sowie aus deren Varianten abgeleitet werden, wobei die Schemas dieser Lösungen gänzlich unverändert bleiben.

Typus c.

Die einfachsten Lösungen, (Fig. 93—97) können empirisch-schematisch (s. S. 38) gewonnen oder rein entwickelt werden (s. Theorie S. 32 u. 33).

Bei $O_{1, 2, 3}$ .. ist das typische Schema unmöglich, da, wie sofort ersichtlich, das Eckfugengesetz (keine 2 Fugen durch dieselbe Ecke!) verletzt werden würde.

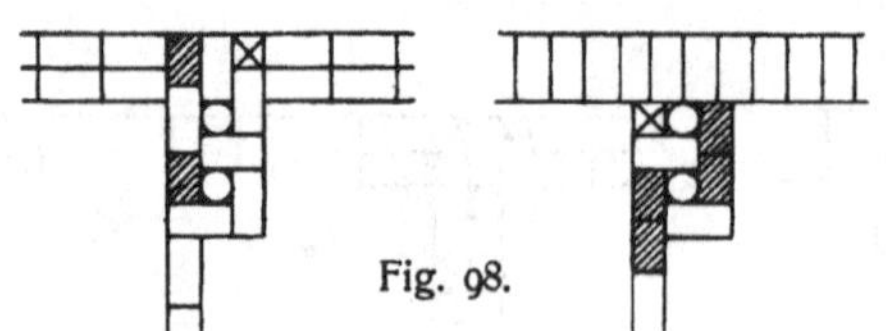
Fig. 98.

Varianten. Die Endzungen (an der ausspringenden Kaminecke) können auch entgegengesetzt der mittleren Zunge gerichtet sein. Beispiel Fig. 98, jedoch mit Ausnahme der Fälle O, wo die mittlere Zunge in der Hauptmauer liegt.

Typus d. 3 und mehr Kanäle.

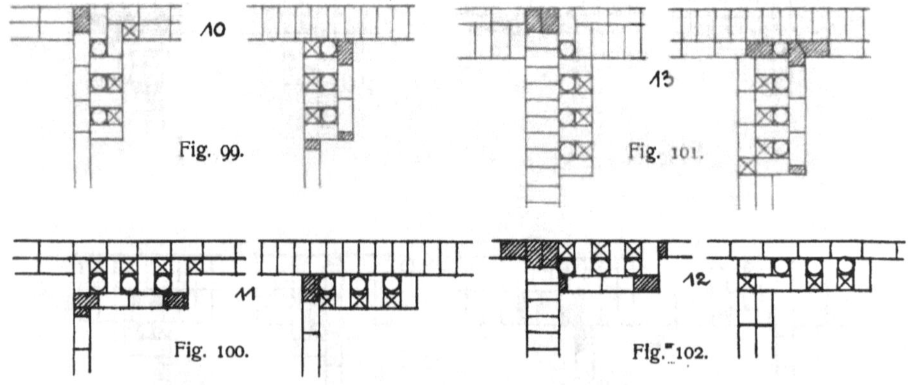

Fig. 99. Fig. 101. Fig. 100. Fig. 102.

Jeder weitere Kanal erfordert im ganzen innerhalb der 2 Schichten 2 Kopfstücke mehr. — Die Fig. 99—102 bestätigen das allg. Lösungsverfahren (S. 32), sowie das allg. Fugengesetz (S. 38). Vergl. Fig. 99 mit 95, und Fig. 100 mit 84.

B. Kanalquerschnitt: dreiviertel Stein.

Erwägung der günstigsten Zungen und Längswandteilung.

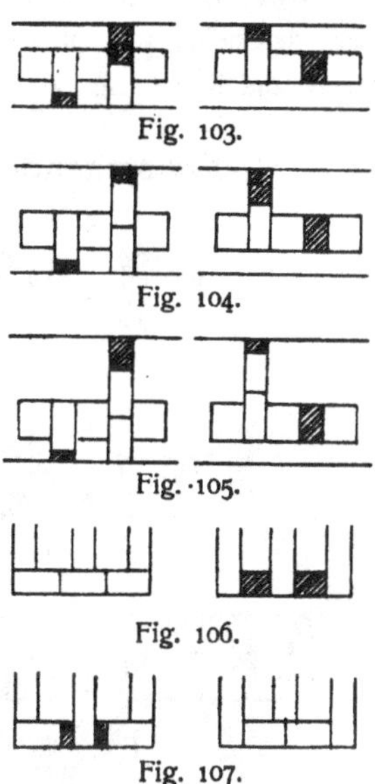

Fig. 103.

Fig. 104.

Fig. 105.

Fig. 106.

Fig. 107.

Wie die Figuren 103—105 zeigen, ist es in bezug auf geringste Zahl behauener Steine gleichgiltig, ob die Zungen ein- oder doppelarmig angelegt werden. Stets macht eine Zunge 2 beh. St. innerhalb zweier Schichten nötig. — Daher braucht man hier sein Augenmerk nur auf die günstigste Teilung der freien Kaminlängswand zu richten. Diese kann im allgemeinen fortgesetzt mit ganzen Steinen belegt werden, wie aus Fig. 106 u. 107 ersichtlich, und zwar verursacht eine derartige Teilung stets 1 beh. Stein für je einen Kanal, gleichgiltig ob die Zungen einseitig oder wechselseitig herausmünden. Zur Vermeidung zu vieler halber Riemchen und zum Ersatz derselben durch Dreiquartiere, wird man Doppelzungen vorziehen.

Allgemeines für alle Typen, freistehend oder angemauert.

Betreffs der Entwicklung der Lösungen siehe S. 32 u. 33.

Im übrigen ist besonders bemerkenswert, daß man sich jeder Mühe einer Lösung entheben kann, wenn man bei jedem Kanal das **reguläre Eckfugenschema** Fig. 108 anwendet. Dieses führt in sämtlichen denkbaren Fällen von Kaminen mit $^3/_4$ Stein Querschnitt zu Lösungen mit geringster Zahl behauener Steine. Sein besonderer Vorteil besteht außerdem noch darin, daß es, weil vollständig regelmäßig gebildet, höchst einfach anwendbar ist.[1])

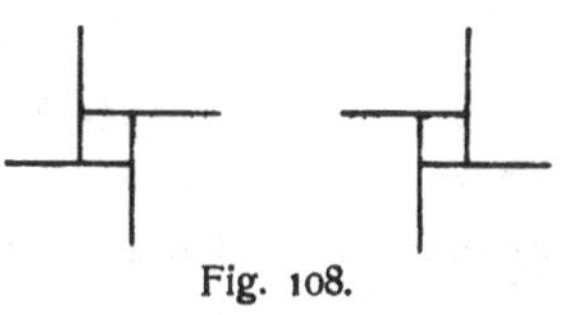

Fig. 108.

---

1) Daher konnte von einer Darstellung der Verbände mit diesem Schema abgesehen werden. Beispiele bieten die Figuren 138—142.

Der Verlauf der übrigen Eckfugen (außer diesen Kanaleckfugen) ergibt sich ohne weiteres durch Beachtung des allgemeinen Eckfugengesetzes (s. S. 10).

Allerdings wird bei diesen Lösungen mit diesem regulären Schema der Verband fast nur mit halben Riemchen eingerichtet.

Will man diese so sehr wie möglich einschränken, ohne jedoch die Zahl der behauenen Steine innerhalb je 2 Schichten zu erhöhen, so dient hierzu die Regel: nur zweiarmige Zungen zu bilden (s. S. 43 oben).

1. Freistehende Kamine (3/4 Stein Querschnitt).

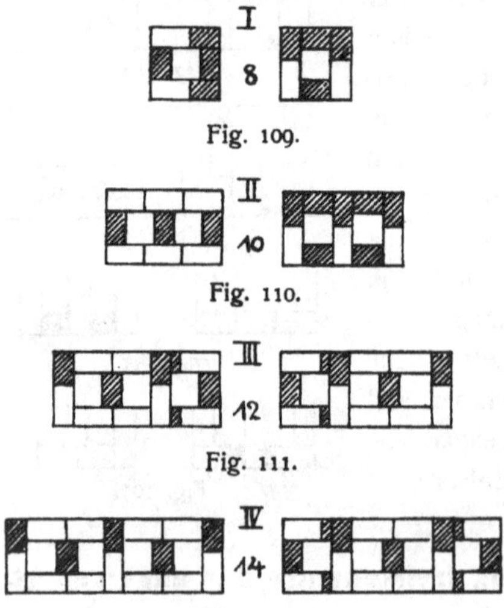

Fig. 109.

Fig. 110.

Fig. 111.

Fig. 112.

Zur **Entwicklung**. Nur zweiarmige bezw. beiderseits abgeschnittene Zungen, Belegung der Längswände in der 1. Schichte womöglich nur mit ganzen Steinen.

Bei II würde jede mögliche Lösung (im ganzen 6 verschiedene) geringste Anzahl (10) behauener Steine aufweisen, worunter mehr oder weniger halbe Riemchen vorkommen.

Die Fig. 109—112 sind diejenigen Lösungen, die bei geringster Zahl beh. Steine auch die geringste Zahl halber Riemchen enthalten.

2. Angemauerte Kamine (3/4 Stein Querschnitt).

Allgemeines für alle Typen.

Es gibt in keiner Schichte eine vollständige Abtrennung der einen oder andern Gebäudemauer am Kanalrand, sondern nur ein wechselseitiges Einbinden der Zungen in dieselben.

Allgemeines für die Typen a, b, c.

Gemeinsam den einfachsten Lösungen mit geringster Riemchenzahl ist, daß die freie Kaminlängswand in der einen Schichte vollständig für sich abgetrennt durchgeht und hier nur regelrecht (d. h. in 1/2 oder meist 1 Stein Entfernung) in ihre S-Fugen geteilt ist.

Typus a.

Die günstigste Lösung kann nie symmetrisch in einer Schichte werden. Es gibt 3 verschiedene Lösungsresultate mit geringster Zahl behauener Steine.

Zur 1. Lösungsart Fig. 114—117. Sie entsteht bei regelrechter S-Fugenteilung etc. Die durchgehende vordere Kaminwand kann zu der einen oder anderen Schichte des Einteilungsnetzes der S-Fugen angebracht werden. Im Grunde genommen ent-

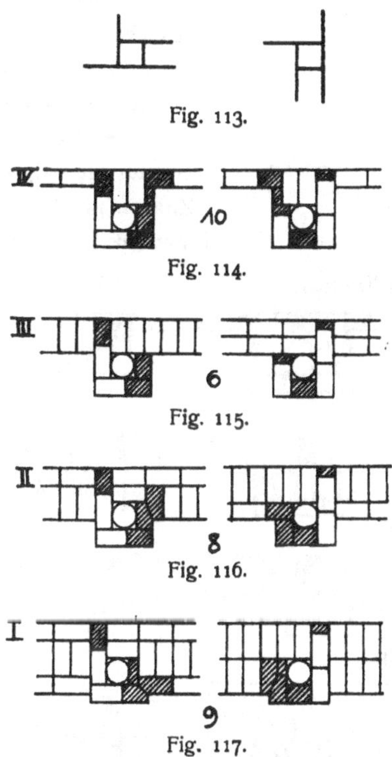

Fig. 113.

Fig. 114.

Fig. 115.

Fig. 116.

Fig. 117.

stehen aber in beiden Fällen die gleichen Lösungen, d. h. sie sind Spiegelbilder zueinander.

Bei der 2. Lösungsart ist die eine Schichte das Spiegelbild der andern, im ganzen tritt jedoch nicht immer die geringste Anzahl halber Riemchen auf.

Die 3. Lösungsart ist die mit dem regelmäßigen Schema (siehe Fig. 108).

Typus a mit Nebenmauer.

Solche kann ohne Änderung des Eckfugenschemas (Fig. 113) rechts oder links angeschlossen werden, gleichgiltig welche Dicke sie hat.

Typus b.

Bei der Entwicklung (Symmetrie der Lösung vorausgesetzt) ist nach Vorzeichnung der S-Fugen in der 1. Schichte jede Austeilung der andern Längswand günstig. So sind 4 Lösungsarten mit dem Schema A, B, C und diejenige mit dem gleichheitlichen Schema (Fig. 108) mit geringster Zahl behauener Steine möglich.

Am günstigsten in bezug auf geringste Riemchenzahl ist jedoch ein nur einseitiges Einbinden der 3 Zungen in die Längswand der einen Schichte, also ein Abtrennen der Längswand in der andern Schichte.

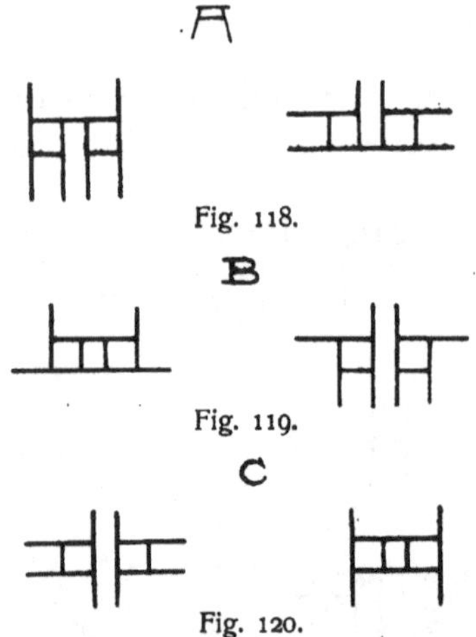

Fig. 118.
Fig. 119.
Fig. 120.

Lösung nach Schema A. Lösung nach Schema B.

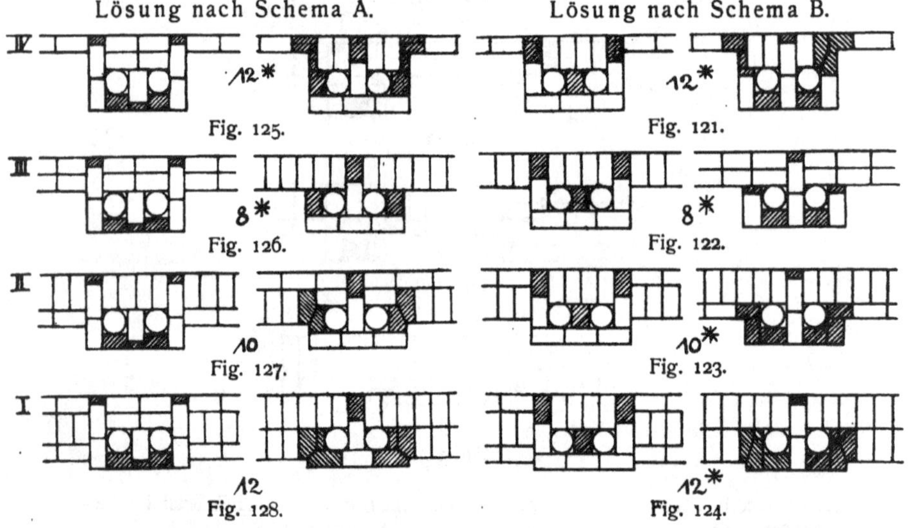

Fig. 125. Fig. 121.
Fig. 126. Fig. 122.
Fig. 127. Fig. 123.
Fig. 128. Fig. 124.

Charakteristisch für jede Lösung mit geringster Riemchenzahl, ob im Schema A, B oder C ist: In der 1. Schichte sind die 2 seitlichen Zungen derartig gewählt, daß sie kein Riemchen enthalten. Außerdem ist in dieser Schichte der Kamin stets für sich allseitig begrenzt, während in der 2. Schichte die Hauptmauer längs der in ihr liegenden Kanalränder von einer Fuge durchzogen ist und nur die Mittelzunge in die Mauer einbindet.

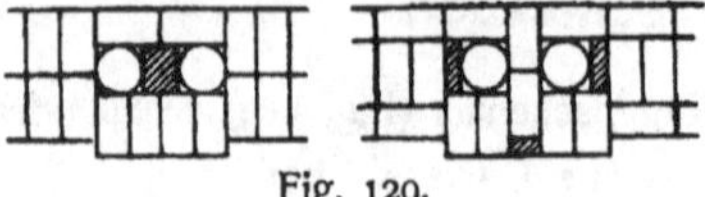
Fig. 129.

Im Falle Fig. 129 wird man womöglich im Rohbau auf die strenge Einhaltung der Länge des Kaminvorsprungs verzichten, um viele Dreiquartiere zu ersparen.

Typus c.

Verwandtschaft mit Typus b, Lösung B.

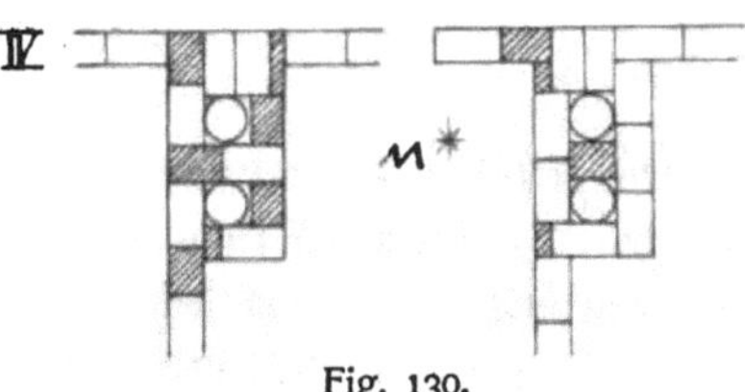

Fig. 130.

Entwicklung. Nach regelrechter Eintragung der S-Fugen in die Gebäudemauern wird man die freie Kaminlängswand in der Schichte, wo sie in die Hauptmauer eingreift, an den Kanälen abtrennen und von der vordern Kaminecke aus möglichst mit ganzen Läufern belegen, sowie eine restierende Halbsteinbreite durch einen Läufer der Hauptmauer besetzen.

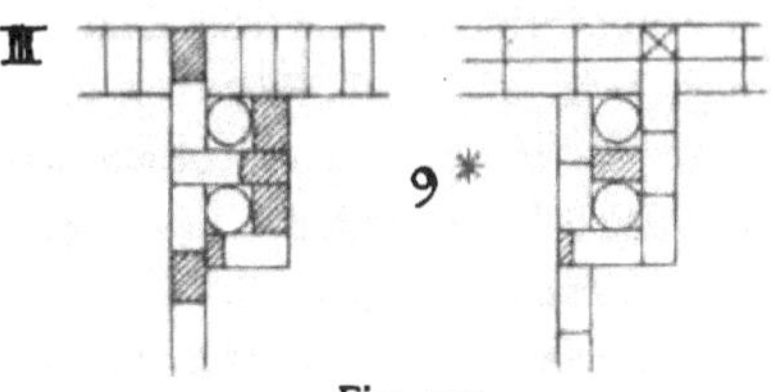

Fig. 131.

Bei $I_{1}, {}_{2} \ldots$ greift am besten die vorderste Zunge in die Längswand von obengenannter Schichte ein.

Bei I_1 liefert auch das gemeinsame Eckfugenschema 10 beh. Steine, worunter jedoch 5 Riemchen (statt 3).

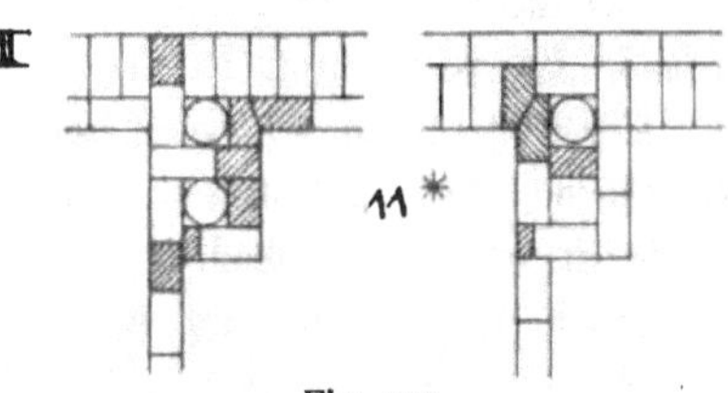

Fig. 132.

Die Lösungen I_1 und I_2 ließen sich ohne Nachteil verändern durch Vertauschung der Schichten der Hauptmauer oder der beiden Zungen innerhalb jeder Schichte.

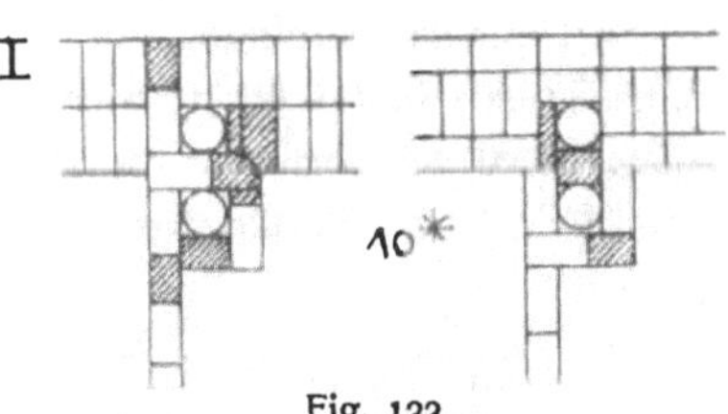

Fig. 133.

Variante für II_2 und II_3.

In dem Schema Fig. 134 ist ohne Nachteil noch eine Vertauschung der S-Fugenteilung der Hauptmauer zwischen den 2 Schichten möglich. Dasselbe Resultat gibt eine Vertauschung der beiden vordern Zungen innerhalb jeder Schichte.

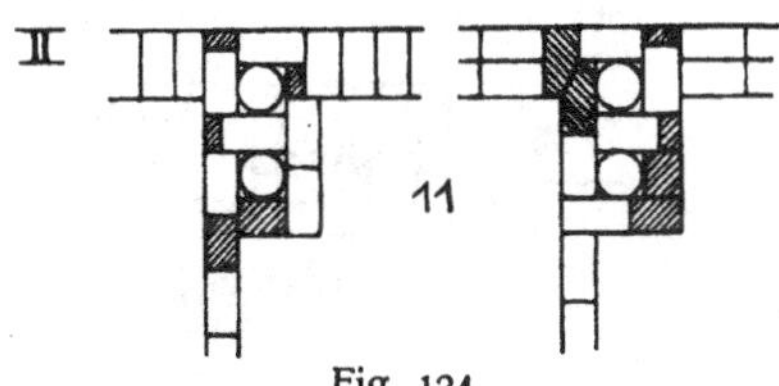

Fig. 134.

Typus d.

Fig. 137—146.

Die regelrechte S-Fugenteilung für die Hauptmauer vorausgesetzt, sind bei 3 Kanälen im Falle III_1 (Fig. 137) im ganzen 64 verschiedene Lösungen möglich, wovon jedoch nur diejenige (Fig. 142) mit dem reg. Schema die geringste Zahl behauener Steine (12) benötigt. Diese bestehen allerdings fast nur in halben Riemchen. Die nächste geringst mögliche Zahl behauener Steine ist 13, welche Zahl 3 verschiedenen Lösungsarten zukommt, wovon zwei nur 2 hlb. Riemchen und die dritte Lösung deren 6 enthält.

Es dürfte demnach die Lösungsart der Figuren 137—141 dem gleichheitlichen Schema (Figuren 142—146) vorgezogen werden.

Die zweite der genannten Lösungsarten mit nur 2 hlb. Riemchen unterscheidet sich von der ersten (Fig. 137) nur darin, daß die 2 Schichten der Hauptmauer unter Beibehaltung der Kaminlösung sich vertauschen lassen.

Bei diesen 2 günstigsten Lösungsarten gilt also wieder: Nur zweiarmige bezw. beiderseits abgeschnittene Zungen zu wählen.

Die dritte Lösungsart weicht von der mit dem reg. Schema nur insoferne ab, als die vorderste Zunge (bei der ausspringenden Kaminecke) doppelarmig ist, wodurch die Zahl der erforderlichen Riemchen (6) derjenigen der Dreiquartiere (6) gleichkommt, somit im Idealfalle alle Abfälle von der Herstellung der Dreiquartiere aufgebraucht würden.

Bei **4 und mehr Kanälen** setzt man am besten das Schema der Figuren 137—141 in seiner Ordnung fort, d. h. man ordne zwischen je 2 Doppelzungen je eine beiderseits abgeschnittene Zunge in jeder Schichte an. Jeder weitere Kanal wird hierbei 2 beh. Steine pro 2 Schichten nötig machen. — Außerdem führt das gleichheitliche Schema zur geringsten Anzahl beh. Steine.

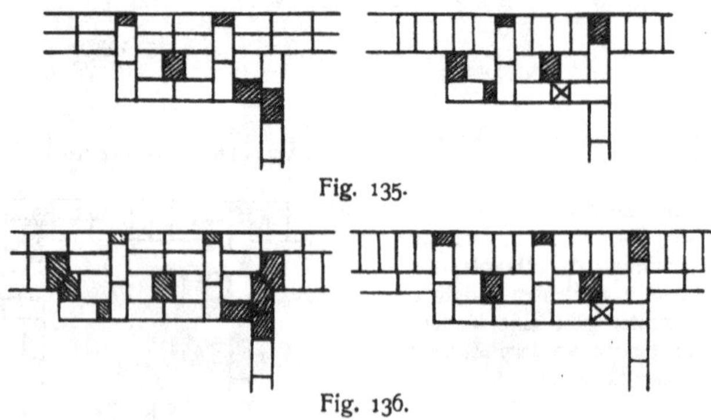

Fig. 135.

Fig. 136.

Typus d.

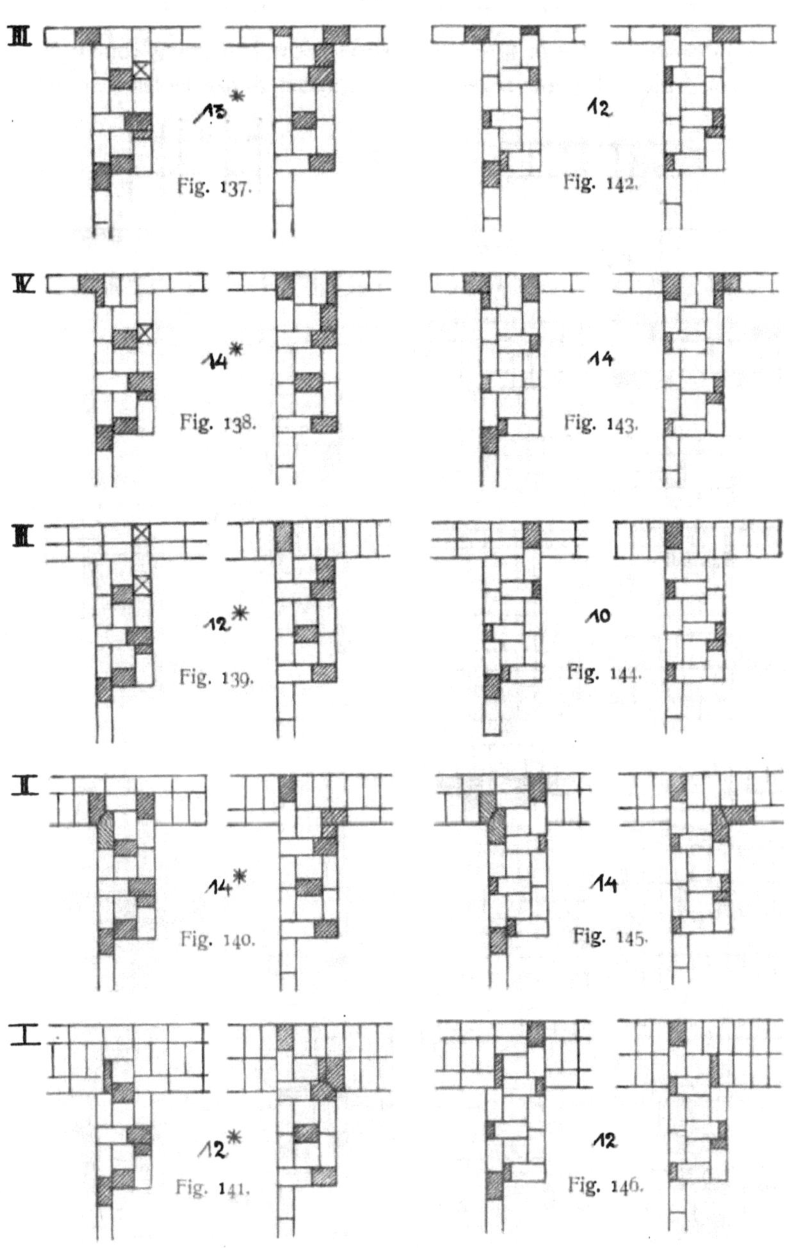

Fig. 137. Fig. 142.

Fig. 138. Fig. 143.

Fig. 139. Fig. 144.

Fig. 140. Fig. 145.

Fig. 141. Fig. 146.

C. Kanalquerschnitt: ein Stein.

In sämtlichen Fällen führt die ausschließliche Anordnung von Doppelzungen, bezw. beiderseits abgeschnittenen Zungen zu den besten Resultaten.

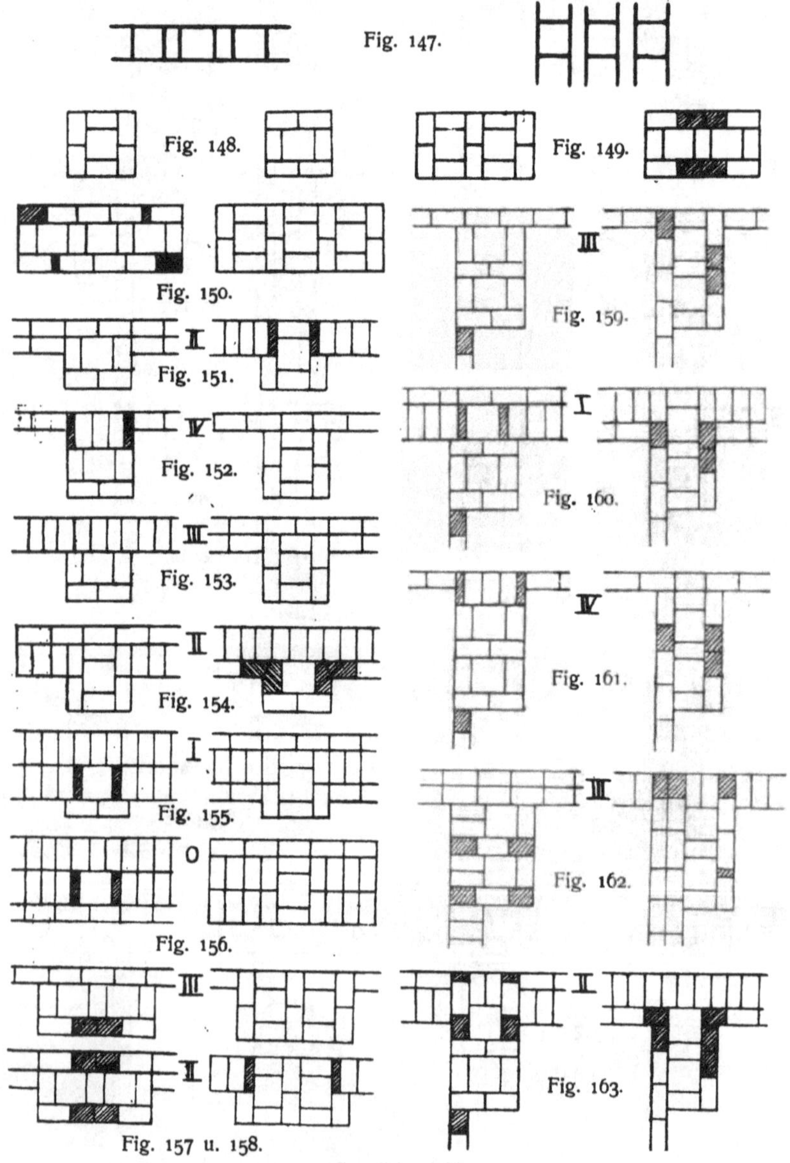

Fig. 147.

Fig. 148.

Fig. 149.

Fig. 150.

Fig. 151.

Fig. 152.

Fig. 153.

Fig. 154.

Fig. 155.

Fig. 156.

Fig. 157 u. 158.

Fig. 159.

Fig. 160.

Fig. 161.

Fig. 162.

Fig. 163.

Überblick über Material und Ausführung der Mauerkonstruktionen in Backstein.

Zur Herstellung, d. h. Konstruktion eines Bauteiles überhaupt ist notwendig:

1. das entsprechende **Material.**
2. die entsprechende **Art des Zusammenfügens** der gewählten Materialien.

Material und Art des Zusammenfügens sind entsprechend, wenn durch beide erreicht wird, daß der Bauteil

1. dauernden **Bestand** hat (**statisch** ist) trotz Einwirkung äußerer Kräfte (Stoß, Druck durch Sturm oder Lasten) und anderer Einflüsse (Temperaturwechsel, Feuer, Nässe, Feuchtigkeit),
2. seinen vorgesehenen **Zweck erfüllt.**

Zweck der Mauern ist Abschluß und Unterstützung (Tragen von Decke und Dach).

Material für Mauern überhaupt.

1. Künstliche Steine:
   a) gebrannte: Back- oder Ziegelsteine,
   b) ungebrannte: Lehmstein, Kalksandstein, Kunststein, Schlackenstein, Bimssandstein, Korkstein, Schwemmstein, Gipsdielen, Glasbausteine, Tuffsteine.
2. Natürliche Steine:
   Bruch- und Hausteine.
3. Stampf- und Gußmassen: Beton und Pisé.

Das Backsteinmaterial.

Erste geschichtliche Erwähnung: Turmbau von Babylon (Genesis XI, 3).

Ziegel- oder Backstein = gebrannter Ton (Lehm).

Geringer Sandgehalt des Tons nötig zur Porosität der Ziegel.

Schädliche Beistoffe:

Kohlensaurer Kalk in Knollengröße (löscht sich im Stein und zersprengt ihn).

Kohlensaures Natron Chlornatrium (Steinsalz) Salpetersaure Salze Schwefelsaure Salze (bes. Natron)	verursachen in feuchtem Mauerwerk Mauerfraß durch ihr Auswittern (fortwährender Kristallisationsprozeß): Abblättern der Steine und Abfallen des Verputzes.

Merkmale und Bedingungen für solide Qualität des gewöhnlichen Ziegels:

Nicht Farbe noch glatte Oberfläche maßgebend, sondern heller Klang beim Anschlagen mit dem Hammer. Druckfestigkeitsminimum 100 kg/qcm. Fähigkeit, sich nach bestimmter Richtung behauen zu lassen.

Vorzüge des Backsteinmauerwerks vor andrem Material:

Kosten nicht hoch, geringer Arbeitsaufwand und geringe Vorbereitung mit Zurüstung.

Witterungsbeständigkeit, rasches Austrocknen.

Porosität, daher eine gewisse natürliche Ventilation der Wohnräume.

Einheitliches Format.

Form und Grösse der gewöhnlichen Ziegel:

a) Parallelepipedisch: In Deutschland: **Reichsformat** $25 \times 12 \times 6{,}5$ cm. Steinlänge = 2 Steinbreiten + 1 cm Fugenstärke: $25 = 2 \times 12 + 1$.

In Österreich: $29 \times 14 \times 6{,}5$.

In Frankreich: $23 \times 11 \times 3 =$ einfache Ziegel, $23 \times 11 \times 5{,}4 =$ Doppelziegel } Ministerialerlaß.

b) Besondere Formen: Form- oder Profilsteine. Normalsteine haben die vom Verein für Ziegelfabrikation etc. festgesetzten Formen und Größen.

Verschiedene Ziegelgattungen.

Vorsetz- oder Verblendsteine.

Glatte Oberfläche, scharfe Kanten, schöne Farbe. — Bleibt sichtbar (Backsteinrohbau). — Größe $25{,}2 \times 12{,}2 \times 6{,}9$ cm (Fugen dünner). — Engobirsteine: mit vor dem Brand gefärbter Oberfläche.

Klinker.

Aus schmelzbarem Ton hart gebrannt bis zur Sinterung (in Fluß Geraten). — Glasähnliche Oberfläche — wasserundurchlässig.

Chamottesteine.

Feuerfest — aus Ton mit Zuschlag von Chamottepulver (zerbrochene Porzellanware) gebrannt in der Weißglühhitze.

Terrakottasteine, Terrakotten.

Unglasiert — aus feinem Ton mit Profilen oder Ornament (z. B. weitausladende Gesimse, Konsolen).

Hohl- oder Lochsteine. (Aus feinerem Material, besser durchgebrannt).

Poröse Steine.

Vor dem Brennen Beimengung von Sägespänen, Torf, Lohe, Kohlenstaub etc.

Zusammenfügen des Materials.

I. Der Mörtel (Bindemittel).

A. Chemische Mörtel: Erhärtung ein chemischer Vorgang (Stoffänderung).

Kalkmörtel (Luftmörtel).

Erhärtet nur an der Luft, infolge Kohlensäureaufnahme. (Vollständige Erhärtung erst nach Jahren.)

Bestandteile:

1. Gelöschter Kalk (= Kalkhydrat $Ca(OH)_2$).

   Fettkalk als Pulver zart sich anfühlend, als Brei (eingesumpft) eine fettig gleichmäßige Masse: nahezu chemisch reiner gebrannter kohlensaurer Kalk — vermehrt beim Löschen sein Volumen 2—3 fach.

   Magerer Kalk als Pulver rauhkörnig — sich langsam löschend: gebrannter Kalkmergel, d. h. Kalk mit Tongehalt bis zu 18%. — Volumvermehrung beim Löschen 1,3—2 fach.

2. Sand, d. h. jedes feste, kleinere Gestein ohne salzige, humus- oder tonhaltige Verunreinigungen.

   1 Volumen fetter Kalkbrei 2 1/2—3 Vol. Sand } Mischungs-
   1 „ magerer Kalk 1 1/2—2 „ „ } verhältnis.

3. Wasser: Fluß- oder Regenwasser (d. h. ohne Salzgehalt).

Zu 1 hl Mörtel sind erforderlich	bei einem Mischungsverhältnis von Fettkalk zu Sand	
0,1 cbm Wasser	1	2
0,125 „	1	3
0,5 „	1	4

Arbeitszeit: 1 Arbeiter kann pro Tag (10 Std.)
6 hl Fettkalk oder
11 hl mageren Kalk löschen,
10 hl Mörtel bereiten.

Gipsmörtel.

Erhärtet infolge chemischer Bindung des bei der Bereitung zugegebenen Wassers. (Alaunlösung [1 Tl. Al. zu 12 Tl. Wass.] zur Erzielung größerer Härte: Keenés Zement).

Gebrannter Gipsstein (schwefelsaurer Kalk.)

1. Bis zu 130° C gebrannt: Form- oder Stuckgips (erhärtet rasch.)
2. Bis zur Rotglühhitze gebrannt: Estrich- oder Mauergips (erhärtet langsamer).

Findet Verwendung als Mauermörtel nur in gipsreichen Gegenden. Südl. Harz (z. B. Burg Osterode), Paris.

Kein Sandzusatz (höchstens $1/3$—$1/2$ Tl.), besser Zusatz von Ziegelmehl, Hochofenschlacke, Steinkohlenasche.

Wasser- (hydraulischer) Mörtel: Zementmörtel (schwarzer Kalkmörtel).

Erhärtet an der Luft und unter Wasser, infolge Bildung von im Wasser unlöslichen Silikaten (Aluminium- und Calciumsilikat). Hauptfaktor: Kieselsäure.

Bestandteile:

1. **Ton** (Aluminiumsilikat) **und Kalk** (Calciumcarbonat) in Form von:

a) Natürlichen, kieselsäure- und aluminiumhaltigen Zuschlägen zum Kalkbrei:
Puzzolanerde 1 : 1—2 Tl. Klk.: 1 Tl. Sand
Santorinerde 7 : 2 Tl. Fettkalk
Kieselguhr (Infusorienerde) 1 : 1.
Traß (für Wassermörtel und Fundamentmauerwerk 2 : 1 Tl. Klk. ohne Sand — für trockenes Mauerwerk 1 : 1 Tl. Klk.: $1\frac{1}{2}$ Sand),
Ziegelmehl 1 : 1 Klk.: 2 Sand
Hochofenschlacke 2 : 1 Klk.

Oder b) Romanzement: Mergelsteine (= Kalksteine von 18—25 % Tongehalt): bis zur Rotglühhitze gebrannt und gemahlen. Seit 1796 (England) bekannt.

Oder c) Portlandzement: künstliches, bis zur Sinterung (Weißglühhitze) gebranntes, hierauf gemahlenes Gemisch von Ton und kohlensaurem Kalk (3 : 10). 1824 erste Portlandzementfabrik in England.

Zeit des Abbindens (erstes, noch mechanisches Stadium des Erhärtens) bis zu 2 Std. bei raschabbindenden Zementen
2 u. mehr Std. „ langsam „ „
(trocken und zugfrei gelagert), erhöhte Festigkeit.

2. **Sand** (scharfkörniger Quarz- oder Kalksand). Vollständige Reinheit Bedingung. (Vorhergehendes Waschen.)

Zu Portlandzement:

Ohne Sand: rascheres Erhärten, größte Festigkeit (bei Gewölberücken), an der Luft jedoch nicht wetterbeständig (Schwinden und Risse).

Sandmengen.

1—2 Tl.: 1 Tl. Zement (große Wetterbeständigkeit und Haltbarkeit).

3—4 Tl.: 1 Tl. Zement bei Mauerwerk.

Verlängerte Zementmörtel	5—7 Tl. : 1 Tl. Zement u. $^1/_2$—1 Tl. Kalkbrei	rasch bindend, hat genügende Festigkeit.
	8—10 Tl. : 1 „ „ u. 1 $^1/_2$—2 Tl. „	

3. **Wasser:** Je weniger Wasser, desto rascher das Abbinden.
$^1/_4$ (25—34 %). Bei trockenem Mauerwerk nur Befeuchtung des Zements.

B. Mechanische Mörtel: Erhärtung ein mechanischer Prozeß (Wasserverdunstung oder bloßes Erstarren geschmolzener Stoffe).

Lehm, Asphalt (Bitumen), Schwefel, Kitt, Blei.

Fugen.

Lagerfugen: wagrecht (horizontal) 0,7—1,5 cm je nach der Mauerhöhe gewöhnlich 1,2 cm dick. Sie teilen das Mauerwerk in Schichten.

13 Schichten = 1 m hoch.

Stoßfugen: lotrecht (vertikal.)

a) zur Mauerflucht (Längenerstreckung der Mauer) parallel stets 1 cm stark.

b) zur Mauerflucht senkrecht: 0,7—1,5 cm (je nach Mauerlänge).
Die auf die Längenmitte eines Steines gerichteten Fugen stets 1 cm stark.

Mauerstärken.

Stein stark			
$1/2$ = 12 cm	Gewöhnliche Stärke im obersten bewohnten Geschoß.		
1 = 25 cm	Umfassungsmauern	$1\,1/2$ Stein	Von 2 zu 2 Geschossen nach unten zunehmend; einseitig abgesetzt.
$1\,1/2$ = 38 cm	Tragmauern	1 „	
2 = 51 cm	Unbel. Scheidewände	$1/2$ „	durch alle Geschosse.
$2\,1/2$ = 64 cm	als Trennungswände zwischen 2 Wohnungen oder bei Treppenhaus u. Hauseingangsmauern	1 Stein	
3 = 77 cm			
$3\,1/2$ = 90 cm			
4 — 1,03 m			

Sämtliche Kellermauern beiderseits um $1/4$ Stein verstärkt. Unterste Fundamentbreite aus der Last und Tragfähigkeit (Druckbeanspruchung) des Baugrunds zu berechnen.

Materialbedarf.

1 cbm Mauerwerk erfordert mit wachsender Stärke mehr Mörtel und weniger Steine, von $1/2$ bis 3 St.-Stärke 417 bis 390 Stück Ziegel (durchschnittlich also 400 Ziegel.)

Z. B. 1 cbm faßt eine 1 Stein starke und 1 m lange Mauer, wenn sie 4 m hoch ist. — Ein Ziegel, mit der auf ihn treffenden Mörteldicke allseitig umgeben, füllt $0{,}26 \times 0{,}13 \times 0{,}077 = 0{,}002603$ cbm aus. Wenn man auch die Außensteine obiger Mauer derartig mitrechnet, hat man sich die 2 Stirnflächen der Mauer uit einer 0,5 cm starken Mörtelschichte bedeckt zu denken, so daß ihr Volumen um $2 \times (1\text{ m} \times 4\text{ m} \times 0{,}005\text{ m}) = 0{,}04$ cbm größer wird, also 1,04 cbm.

Hierzu sind nötig $\frac{1{,}04}{0{,}002603} = 399{,}5$ Stück Ziegel.

Mörtelbedarf: Das Volumen von 1 Ziegelstein ist $25 \cdot 12 \cdot 6{,}5 = 1950$ ccm. Folglich ist der Mörtelbedarf zu 1 cbm Mauerwerk von 1 Stein Stk., das 399,5 Stück Ziegel enthält:

$$1000000 \text{ ccm} - 399{,}5 \cdot 1950 \text{ ccm} = 221000 = 221 \text{ Liter.}$$

Vorteile der verschiedenen Ziegel- und Mörtelgattungen.

Gewicht.

1 cbm Mauerwerk in			
Kalkmörtel	wiegt	1600 kg	
aus Schwemmsteinen	„	850 „	leichte Mauern.
„ porösen Lochsteinen	„	900 „	
„ Lochsteinen	„	1000—1200 „	
„ porösen Steinen	„	1300 „	

Tragfähigkeit und Druckfestigkeit.

Gewöhnl. Backsteinmauerwerk in Kalkmörtel	7 kg pro qcm Druckfläche	
„ „ „ Zementmörtel	11 „ „ „ „	
Klinkermauerwerk „ „	12—14 „ „ „ „	
Poröses Backsteinmauerwerk	3—4 „ „ „ „	

II. Der Verband.

d. i. das regelrechte Über- und Nebeneinanderlegen der Steine zu dem Zweck, die Verschiebbarkeit der Steine gegeneinander tunlichst unmöglich zu machen.

Die Backsteinverbände.

Schichtenlagen.

I. Die Stoßfugen senkrecht und parallel zur Mauerflucht:

1) Die Steine flachgelegt, d. h. auf ihre größte Fläche.

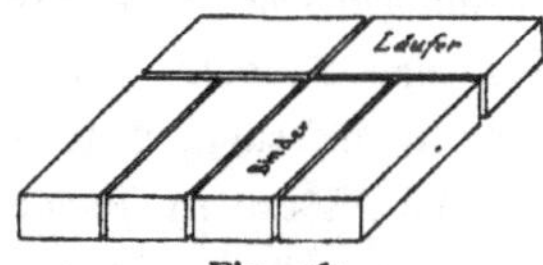

Fig. 164.

2) Die Steine hochgestellt, d. h. auf eine schmale Fläche.

Rollschichte.

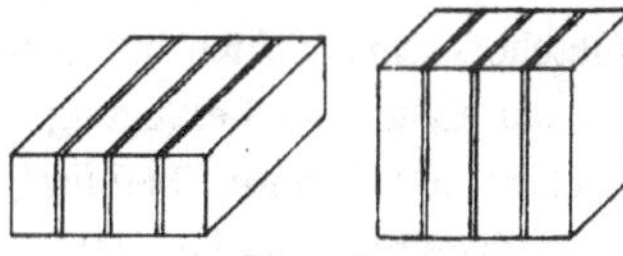

Fig. 165.

3) Zahnschnitt.

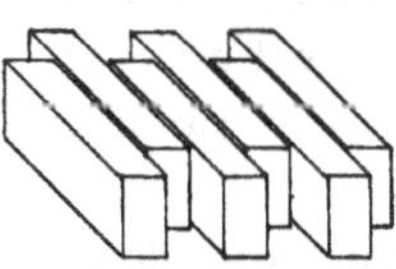

Fig. 166.

II. Die Stoßfugen schräg (unter 30° oder 45°) gegen die Mauerflucht (bes. im Innern bei Festungsmauern).

Stromschichte

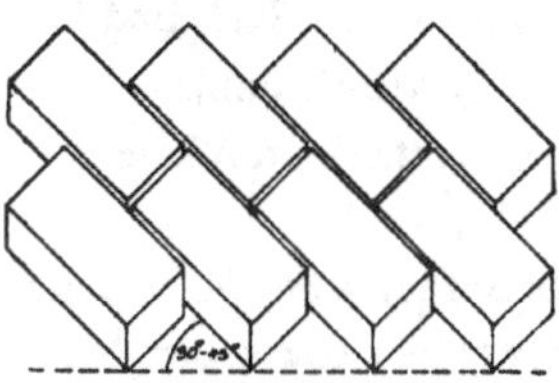

Fig. 167.

Allgemeine Verbandregeln.

Siehe Hauptteil Seite 5—7:

Allgemeines Lösungsverfahren.

Siehe Hauptteil Seite 16 und 17:

Die praktische Ausführung des Mauerns.

Ausschachtung der Baugrube bis zur Kellersohle (d. h. Kellerfußboden), sowie der Gräben für die Fundamentmauern und ihre Absätze (Bankette). (Sohle derselben unter Frostgrenze, d. h. mindestens 1,0—1,25 m unter Straßenniveau, jedoch noch über dem Grundwasserspiegel.) Kennzeichnung der Fluchtlinie jeder Umfassungsmauer in Erdgeschoßhöhe und zwar durch eine wagrecht ausgespannte Schnur. Jedes Ende derselben am sog. Schnurbock (Schnurgerüst) befestigt, d. h. an einer wagrechten, an 2 Pflöcke genagelten Latte; die Pflöcke am Rande der Baugrube ins Erdgeschoßterrain eingeschlagen, die Latte senkrecht zur betr. Fluchtlinie gerichtet, ca. 80 cm über der Erde. —

Markierung der Grundrißform (Vor- und Rücksprünge) der ersten Schichte mit Bleistift oder Sägeschnitt auf Latten, gelegt auf den Baugrund.

Markierung der Geschoß- und Schichtenhöhen auf vertikal an den Gebäudeecken aufgerichteten Latten — Festlegung der Horizontalrichtung der Lagerfugen (Gleiche) mittels Schnur, befestigt an in die Stoßfugen geschlagenen Nägeln. — Prüfung der Horizontallage der Lagerflächen mittels Setz- oder mit Wasserwage (Libelle). — Fortgesetztes Kontrollieren der Vertikalrichtung der Mauerflächen und Kanten sowie Anlegen der Mitten (Achsen) der Fenster- und Türöffnungen durch Senkeln (mittels Senkblei = Lot).

Reinigen der Steinoberflächen — Eintauchen, besser längeres Einlegen der Steine in Wasser (Annässen, Tränken). — Ein Vorrücken des schon ins Mörtelbett gedrückten Steines zu vermeiden, nachdem der Mörtel abgebunden hat. — Jede Schichtenlage nach ihrer Verlegung vollständig mit Mörtel zu übergießen und hierbei die Stoßfugen mit der Kelle gehörig auszufüllen. — Bei Putzbauten die Stoß- und Lagerfugen nicht ganz bis an den Mauerrand auszufüllen (hohle Fugen). — Bei Backsteinrohfassaden nachträgliches Ausfugen mittels profiliertem Fugeneisen und meist farbigem Mörtel.

Berücksichtigung des Setzens des Mauerwerks infolge des Schwindens des Mörtels $^1/_{200}$—$^1/_{250}$ der Höhe) sowie der Nachgibigkeit des Baugrundes. — Um ungleichmäßiges Setzen unschädlich zu machen, sind höher geplante

Wände (Türme, Aufbauten) früher zu beginnen, oder zur Vermeidung von Rissen außer Verband mit den niedrigeren Teilen zu halten.

Das Mauern bei Kälte und Frost.

Einzustellen bei 3 Grad unter Null: Über Nacht Abdecken der Lagerflächen mit Pappe, Brettern oder Stroh. — Sonst Verwendung von warmem Mörtel (aus frisch gelöschtem Kalk), gewärmten, trockenen Steinen, warmem Wasser oder geringem Salzzusatz im Mörtel (höchstens 0,25—1,5 Proz.) oder Verwendung von sehr rasch abbindendem, steif angemachtem Zementmörtel (verlängertem). — Gipsmörtel erhärtet auch bei Frost.

Block- und Kreuzverband.

Wesentlichen Unterschied siehe Hauptteil Seite 5.

Äußeres Erkennungsmerkmal: siehe die Kreuze in Fig. 168 u. 169.

Fig. 168.
Blockverband.

Fig. 169.
Kreuzverband.

Während der Ausführung kann in der Längenentwicklung der Mauer abgesetzt werden entweder in Form einer

Verzahnung: Überstehenlassen der Steine, oder in Form einer

Abtreppung: mit nicht überstehenden, sondern voll aufliegenden Steinen.

Den Unterschied dieser beiden provisorischen Endigungsformen bei Block- und Kreuzverband siehe in den Fig. 168 und 169.

Altes und neues Mauerwerk darf nicht in Verzahnung verbunden werden.

Zum Kreuzverband.

Inniger als der Blockverband, soll er mehr Sicherheit gegen Verschiebung und Brechen der Steine bieten.

Das seitliche Verlegen der Läuferreihen in der 3. und 4. Schichte wird durch Einlage eines Kopfstückes am Anfang oder Ende der Schichte erreicht.

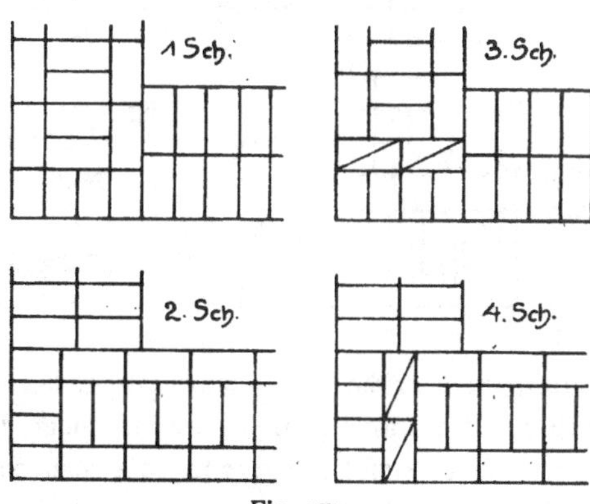

Fig. 170.

Zwei Kopfstücke, die nahe beieinander entstünden, lassen sich oft zu ganzen Steinen vereinigen, siehe Fig. 170 und vergleiche die 4. Schichte von Fig. 171 mit Fig. 172.

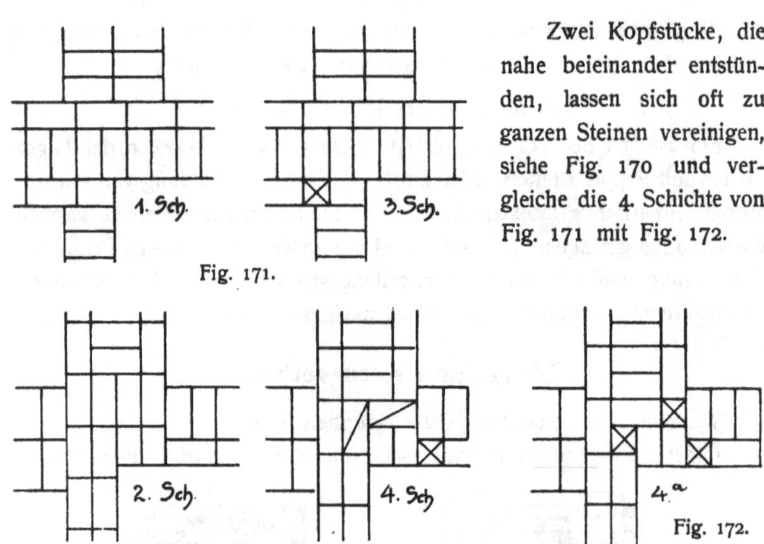

Fig. 171.

Fig. 172.

Lösung des Konturverbandes mit gespaltenen Steinen.

Die Lösung des geraden Maueranfanges kann durch vertikales Abschneiden des Verbandes einer fortlaufenden Mauer gewonnen werden und zwar bei geringstem Verschneiden der Steine entweder durch eine Schnitt-

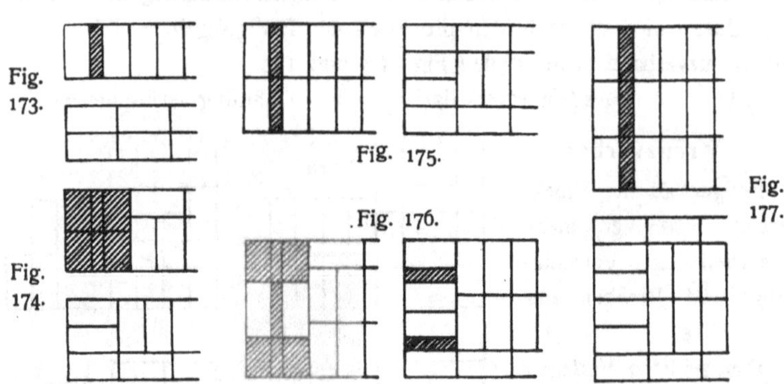

Fig. 173.

Fig. 174.

Fig. 175.

Fig. 176.

Fig. 177.

führung, bei der die Binder unbeschädigt bleiben: hierbei entstehen am Anfang aus den Läufern Dreiquartiere oder durch eine Schnittebene neben den Läufern: ergibt Riemchen, die man bei aber der Ausführung nicht am Rande beläßt.

Vorteil: Bedeutend weniger behauene Steine, als bei Lösung mit nur Dreiquartieren.

Nachteil: Schwere Herstellbarkeit der Riemchen durch Verhau und geringere Solidität (namentl. Druckfestigkeit) des Kontur-Verbandes.

Polygonale Pfeiler und Säulen.

I. Aus gewöhnlichen Ziegeln
und **verputzt** (mit äußerem Mörtelbewurf).

Durchmesser womöglich auf $^1/_2$ Stein ausgehend! Durch keine Ecke eine Fuge!

Fugenkreuzung unter 45° zur Vermeidung zu vieler behauener Steine: Die gleiche Anordnung wird von Schichte zu Schichte um 45° gedreht.

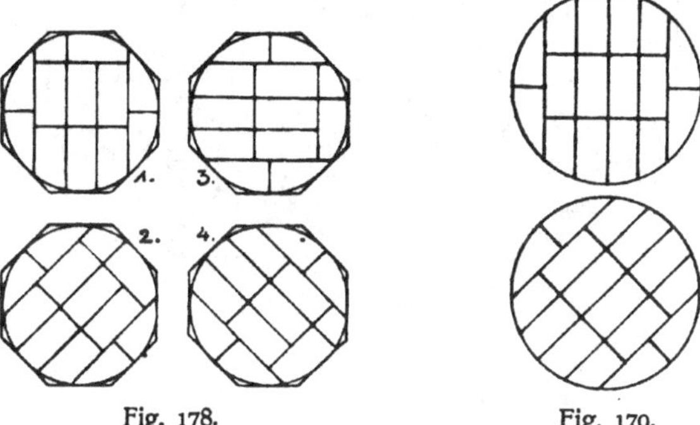

Fig. 178. Fig. 179.

Bei größeren Pfeilern (von 1 $^1/_2$ Stein Seitenlänge oder 4 Stein Durchmesser ab) die Fugen nur senkrecht ausmündend.

II. Mit Formsteinen.

Prinzipien:

1. Ausmündende Fugen nur senkrecht zur Außenfläche (bei Rundsäulen radial).
2. Die Form der Steine derart zu wählen, daß möglichst wenige verschiedenerlei Sorten innerhalb desselben Pfeilers nötig werden.
3. Größe der Formsteine ungefähr die des Reichsformates.
4. Viermaliger Schichtenwechsel: entweder durch fortgesetztes Drehen der gleichen Anordnung um 45° — oder 2 verschiedene Schichtenanordnungen, hierbei die dritte und vierte gleich der um 45 oder 90° gedrehten ersten bezw. zweiten Schichte.

1. Formsteine nur am Äussern, im Innern gewöhnliche Ziegel.

Zur Verwendung der Lösungen in den Fig. 180—185:

1. Es kann immer die gleiche Anordnung um 45° gedreht werden.
2. Besser stetes Abwechseln von 2 verschiedenen Lösungen, hiebei sind zur Vermeidung von Deckfugen die ausmündenden Fugen in der einen Schichte nur radial (zentral), in der andern nicht radial gerichtet zu wählen. — 7 Möglichkeiten der Zusammenstellung (siehe die Klammern).

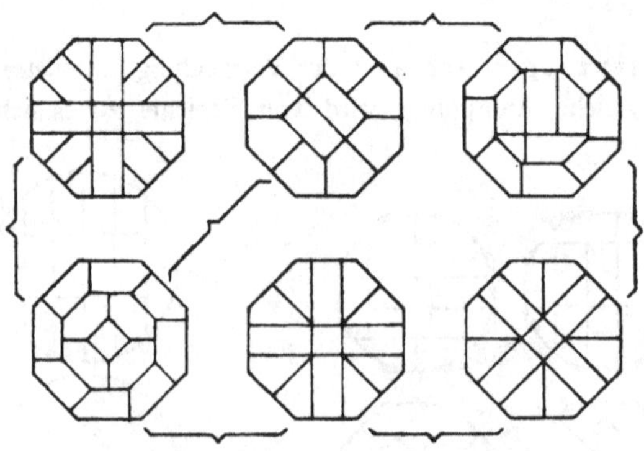

Fig. 180—185.

2. Ausschließlich Formsteine.

Rundsäule.

Verband ähnlich dem Blockverband: Läufer- und Binderschichten. Hiebei der innerste Kern in der einen Schichte stets kreisförmig (1 Stück) und in der nächsten Schichte

entweder wieder kreisförmig aus mehreren Stücken (Ringfugen um 1/4 Stein gegen die andere Schichte verlegt),

oder quadratisch (Ringfugen in der Mitte zwischen den unteren).

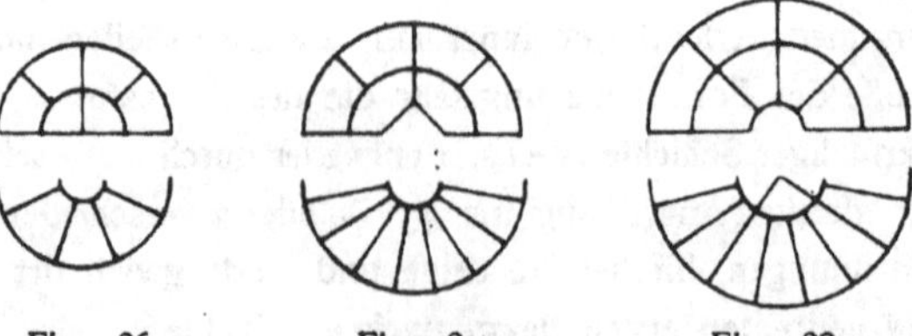

Fig. 186. Fig. 187. Fig. 188.

Schräg abschließende Mauern. Giebel- und Böschungsmauern.

1) Bei Verhau der Steine nur Abdeckung derselben mit Zementmörtel und Ziegelplatten oder Blech, wenn nicht durch ein Hausteinprofil.

2) Zur Vermeidung des Verhauens die Steine am Rande senkrecht zur schrägen Richtung entweder als Rollschichte oder bei großer Breite der schrägen Fläche, so bei Böschungsmauern nach Fig. 189. Zur Beschränkung des Eindringens von Regenwasser in die Fugen Abdeckung durch eine Flachschicht in Zementmörtel.

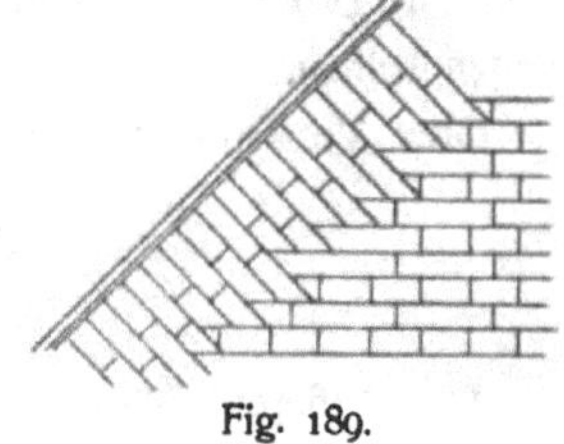

Fig. 189.

3) Am zweckmäßigsten Formsteine.

Mauern mit Hohlräumen.

I. Kamine und Ventilationskanäle.

Kamine dienen zum Abzug der Rauchgase aus den Öfen, Ventilationskanäle zur Zufuhr guter und Abfuhr schlechter Luft.

Zug entsteht im Kamin durch das Übergewicht der äußeren kälteren (darum schwereren) Luft über die angewärmte, leichtere Luftsäule im Kamin. Daher der Zug um so stärker, je höher die Luftsäule, d. h. der Kamin.

Querschnitt der Kaminkanäle.

1) weit (42—50 cm) und besteigbar (im Innern Steigeisen): deutsche Kamine.

2) eng ($^{14}/_{14}$—$^{30}/_{30}$ cm): russische Kamine (rascherer Zug).
   a) rund: besserer Zug
   b) quadratisch oder rechteckig: solider Verband möglich.

Verband und Ausführung.

Möglichst wenige in die Kanäle gehende Stoßfugen anzuordnen. — Methode der Verbandlösung siehe Hauptteil Seite 32 u. f. —

Sorgfältiges Ausfüllen der Kanalfugen mit Mörtel, am besten im Innern nachfugen und nur außen Verputz (zur Verhütung von Rauchausströmung).

Herstellung des runden Querschnittes.

Entweder durch Ummauern der sog. Trommel (1 m langer zylindrischer Holzklotz mit Handgriff zum Höherziehen) mit behauenen Ziegeln, daher im Innern ein feiner Verputz nötig; Glätten desselben durch Drehen der Trommel. — Verband ohne bestimmte Methode, da am innern Rand meist nur Brocken verwendet werden, die allerdings möglichst vermieden werden sollten.

Oder Verwendung von Formsteinen: vorzuziehen, jedoch kostspieliger.

Anlage der Kamine.

Wandungsstärken.

Die äußeren Wandungen (Wangen) und inneren Trennungswände (Zungen) zwischen den einzelnen Kanälen $^1/_2$ Stein stark, nur bei außergewöhnlichen Feuerungsanlagen (Werkstätten, Backofen) 1 Stein stark.

Grundrißanordnung.

1. Frei an einer inneren Gebäudemauer. Tragmauern und Kommunmauern müssen bis auf 1 Stein Stärke ungeschwächt bleiben.

   Kamine mit 2 und mehr Kanälen mit ihrer Länge womöglich in der Richtung der Dachneigung anzulegen, um nicht ihre Langseite dem Regenablauf und Schnee entgegenzusetzen.
2. An der Kreuzungsstelle zweier Mauern: die Kanäle und Kaminecken gehen ununterbrochen vertikal durch alle Geschosse.
3. An der Kreuzungsstelle dreier Mauern könnte der unbequeme Kaminvorsprung in jedem Zimmer vermieden werden, Fig. 190.

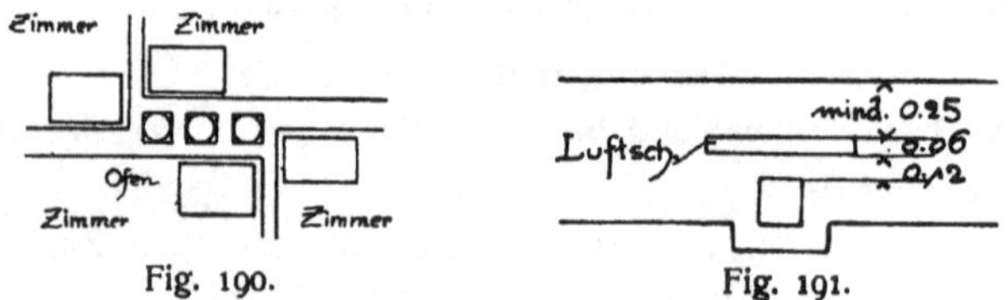

Fig. 190. Fig. 191.

4. An äußeren Umfassungsmauern kein Kamin anzulegen, höchstens mit Luftschichte zwischen Kanal und Außenfront zur Warmerhaltung der Rauchgase.
5. Anzahl der Kaminkanäle. Für jedes Stockwerk ein eigener Rauchzug vorzusehen (zur Vermeidung von Rauchrückschlag in andere Stockwerke). Also für 1—5 nächstliegende Ofen von nur ein und demselben Stockwerk nur 1 Kanal nötig.

Querschnitts-Abmessungen.

Je nach Anzahl der einzuleitenden Öfen, sowie je nach Baupolizei-Vorschrift örtlich verschieden.

München:							Berlin:
Bei	1	Ofen	mindestens	$^{14}/_{14}$ cm	Weite		Geringste Weite
„	2	Öfen	bis zu	$^{18}/_{18}$ „	„	$^3/_4$ Stein	250 qcm
„	3	„	mehr als	$^{18}/_{18}$ „	„	$^3/_4$ Stein	$= {}^1/_2 \times {}^3/_4$ Stein.
„	4	„	mehr als	$^{22}/_{22}$ „	„	$^3/_4$ Stein	Pro Ofen 80 qcm
„	5	„	bis zu	$^{30}/_{30}$ „	„		mehr.

6. Nach unten endigen die Kamine entweder im Kellergeschoß auf gemauertem Fundament, oder in höher gelegenen Stockwerken auf Eisenträgern (nur auf Mauern aufzulegen). Nach oben endigen sie stets über Dach: 80 cm in München, 30 cm in Berlin vorgeschrieben. In der Nähe des Firstes rage die Mündung noch über Firsthöhe hinaus.
7. Eine Abweichung von der lotrechten Richtung des Kamines (meist um unverrückbarem Holzwerk auszuweichen, mindestens 10 cm Abstand hievon Vorschrift), das sog. Schleifen oder Ziehen ist nur im Dachraum möglich, innerhalb der Wohnungen nur da, wo die Kanäle ohne Vorsprung vollständig in der Gebäudemauer liegen. — Dieses Abweichen vom Lot — höchstens bis zu 30° zulässig — geschieht durch Auskragung der Steine, außerdem Unterstützung der vertikalen Endigung erforderlich.

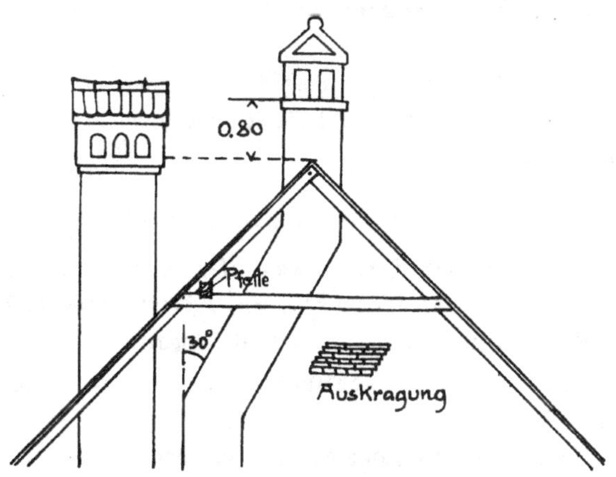

Fig. 192.

II. Mauern mit Luftschichten.

Luftschichte = schlitzartiger Hohlraum im Mauerinnern, gewöhnlich $^1/_4$ Stein = 6 cm breit.

Zweck und Vorteile der Luftschichten.

1. Erhaltung der Temperatur der Zimmerluft: Temperaturbeständigkeit; im Winter Schutz vor Abkühlung, im Sommer vor zu starker Erwärmung der Zimmerluft: besonders bei freistehenden Wohnhäusern, Villen, zur Ersparnis vermehrter Stärke ein Bedürfnis.
2. Verhütung von Durchfeuchtung des Mauerwerks und somit der Wohnräume: Erzielung raschen Trocknens von neuen Mauern, oder solchen, die häufig Feuchtigkeit (Schlagregen, Wasch- und Kochdunst, Erdfeuchte) ausgesetzt sind: Besonders bei Kellermauern notwendig.
3. Verhütung der Überleitung des Schalles (des „Durchhörens"), z. B. bei Wänden von Konzert- und Vortragssälen.

System.

Es sind an Stelle einer Mauer zwei durch die Luftschichte getrennte Mauern (Schalen) vorhanden, zwischen denen sich Luft eingeschlossen (isoliert) befindet. Ruhende Luft ist schlechtester Wärmeleiter.

Zum Zweck der Temperaturbeständigkeit der Zimmerluft soll die isolierte Luft in Ruhe und zwecks Austrocknens von etwa durchfeuchteter isolierter Luft und somit zur Verhütung von Niederschlägen (Schwitz- oder Kondenswasser) an den Luftschichtwänden soll sie entweichen können: in Umlauf kommen.

In Umlauf kommt die eingeschlossene Luft, wenn sie durch Öffnungen in Verbindung mit wärmerer oder kälterer Luft gebracht wird, infolge des Gewichtsunterschiedes.

Technische Vorkehrungen zwecks Umlaufluftschichten.

Vor allem müssen die Verbindungsöffnungen in den Mauerschalen verschließbar sein, je nach Bedürfnis von ruhender (zwecks Temperaturerhaltung) oder bewegter Luft (zwecks Austrocknens).

1. Die Luftschichten schließen bei jedem Geschosse ab. (unterbrochen).

   Verbindung der isolierten Luft mit der Außen- und Zimmerluft.
   Die Temperatur der isolierten Luft liegt zwischen der der Außen-

und Zimmerluft (infolge Wärmeübertragung durch die beiden Mauerschalen). Im Sommer soll die Zimmerlufttemperatur tiefer, im Winter höher als die der Außen- und isolierten Luft sein. — Daher die Zimmerluft im Sommer nach oben (infolge Erwärmung), im Winter nach unten infolge Abkühlung durch den Luftschichtraum hindurch ins Freie geht. — Daher in jedem Wohnraum eine verschließbare Öffnung oben (für den Winter) und unten (für den Sommer), sowie in der äußern Wand in mittlerer Höhe nötig.

2. Die Luftschichte reicht durch die ganze Gebäudehöhe und Breite hindurch.

Eine Verbindung von Keller (der im Sommer kühl, im Winter wärmer als die Außenluft) mit dem Dachraum (= Außenluft) bringt die isolierte Luft ebenfalls in Bewegung. Allerdings Durchfeuchtung des Dachraumes möglich.

Konstruktion der Mauern mit Luftschichten.

Summe der Stärke der 2 Mauerschalen (ausschließlich der Luftschichtbreite) = der erforderlichen vollen Mauerstärke. Bei belasteten Außenmauern soll die innere Wand mindestens noch 1 Stein stark, die äußere $^1/_2$ Stein stark sein.

Keller- und Fensterbrüstungsmauern sollten immer Luftschichte erhalten, letztere, wenn unter 1 $^1/_2$ Stein stark.

Der Stabilität wegen sind die 2 Mauerschalen in gewissen Entfernungen (0,5—1 m) miteinander zu verbinden: 3 Möglichkeiten hiezu:

I. Art der Verbindung: durch **Ankersteine** (Binder).

Die Anker sollen auf jeder Mauer aufruhen, aus dichtem (nicht porösem) Marterial bestehen und vor dem Verlegen in Asphalt getaucht werden, damit sie nicht Feuchtigkeit von einer Mauerschale auf die andere überleiten können. Verschiedene Anordnungen derselben.

1. Anker von Schichte zu Schichte in wechselnder Lage.

   Nachteil: Der beim Mauern auf tieferliegende Anker fallende Mörtel kann nicht leicht wieder entfernt werden und wird zum Überleiter der Feuchtigkeit von Schale zu Schale.

2. Gleiche Lage der Anker in jeder Schichte: Ankerpfeiler (nach Schmölke); werden notwendig an den Stellen, wo Balken aufliegen.

Fig. 193.

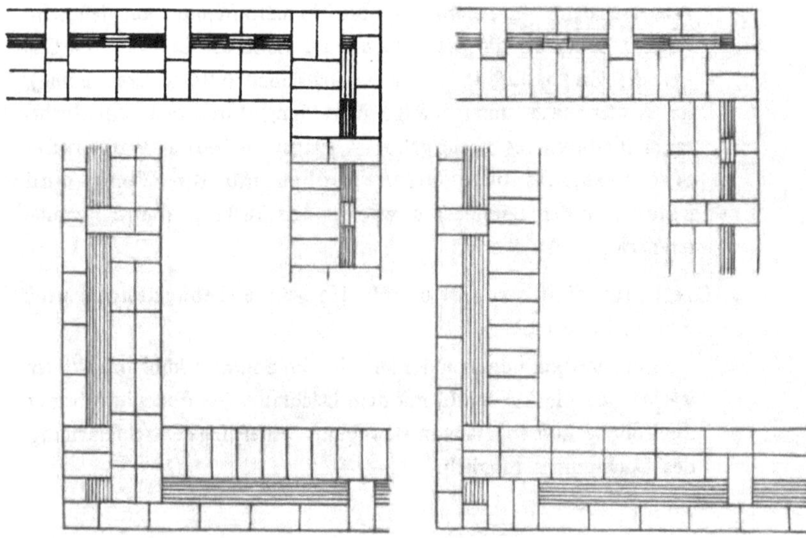

Fig. 194.

3. Ankerpfeiler enthält auch das sog. **Kästelmauerwerk,** bei dem verhauene Steine vermieden, jedoch mehr Anker nötig sind.

Abstand der Anker entweder 1 oder $^3/_4$ Stein.

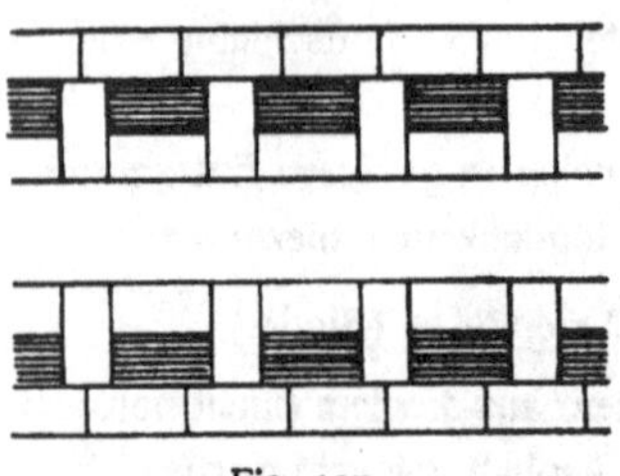

Fig. 195.
Anker in jeder Schichte an der gleichen Front.

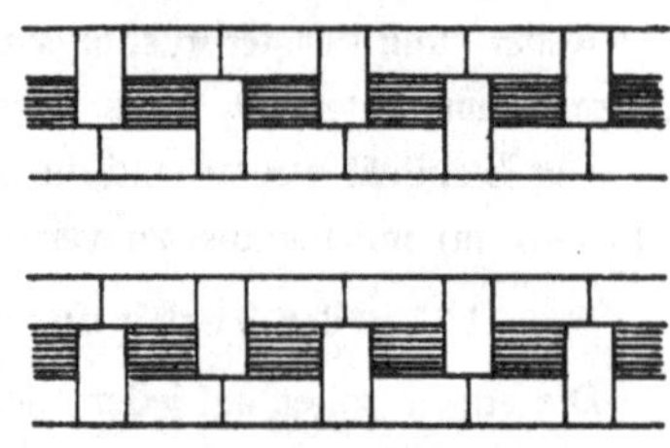

Fig. 196.
Anker in jeder Schichte wechselseitig einbindend.

II. Art der Verbindung der Mauerschalen:

Durch **umspringende Luftschichten.** (Nach Müschen.) Die Luftschichte ist in jeder Steinschichte für sich abgeschlossen (zugedeckt, überbrückt).

Luftschichtbreite nur zu $^1/_4$ Stein möglich.

Erfüllen nur den Zweck der Temperaturerhaltung, schützen aber nicht vor Übertragung der Feuchtigkeit.

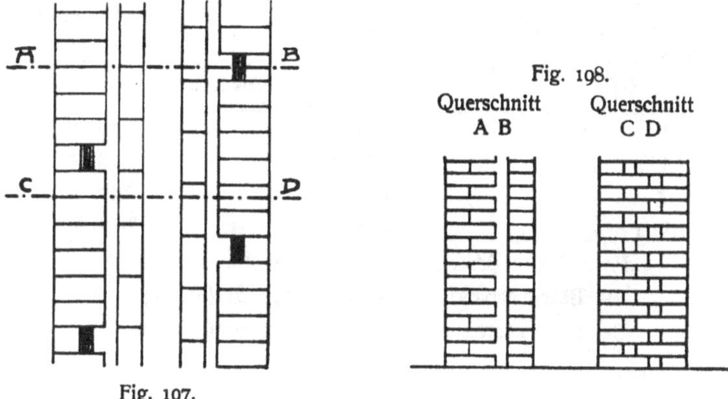

Fig. 198.

Fig. 197.

Jedoch ist eine Zirkulation und damit rasches Austrocknen zu ermöglichen, wenn in Abständen von etwa 1 m statt eines Binders nur ein Kopfstück verlegt wird.

III. Art der Verbindung: Durch **blosse Eisenklammern.** (Flacheisen von $^{5}/_{10}$ mm oder $^{3}/_{13}$ mm Stärke, mit Ölfarbanstrich oder verzinkt bezw. verbleit).

Der Zweck der Warmhaltung der Zimmerluft oder Schallundurchdringlichkeit wird auch mit **Hohlziegeln (Lochsteinen)** erreicht.

Mißlich bei solchen Mauern ist das Einschlagen von Nägeln. — Bei größerer Mauerstärke (ab 2 Stein) nur der innere Kern in Lochsteinen, die Außen- und Innenseite $^{1}/_{2}$ St. stark in gewöhnlichen Ziegeln.

Kreisrunde Mauern.

Turmmauern, Schacht-, Abortgruben- oder andere **Mauern** unter Erde, die des Erddruckes wegen bogenförmig (in horizontaler Lage) gestaltet werden.

1. Aus gewöhnlichen Ziegeln.

Keilförmige, radiale (nach dem Bogenmittelpunkt gerichtete) Stoßfugen: außen höchstens 1,7 cm, innen mindestens noch 0,7 cm breit.

Zur Einhaltung dieser Grenzen der Fugenstärken ist nötig:

Bei einer Mauerstärke von	in Blockverband	in Binderverband (ohne Läufer)
	ein innerer **Mindestradius** von	
1 Stein	6,4 m	3,18 m
$1^1/_2$ „	9,77 m	4,85 m
2 „	13,11 m	6,48 m
$2^1/_2$ „	16,45 m	8,12 m

Formel zur Berechnung: St = Mauerstärke.

Bei Blockverband: $r_{min} = 25{,}7 \cdot St$ (in cm).

Bei Binderverband: $r_{min} = 12{,}7 \cdot St$ („ „).

Fig. 199.
Binderverband

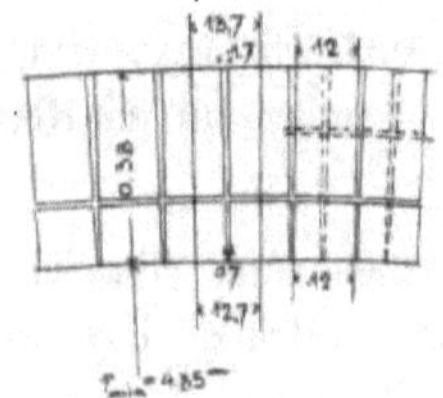

Fig. 200.
Ringschichten

Sollen bei geringeren als diesen Mindestradien (bei Binderverband) dennoch gewöhnliche Ziegel verwendet werden, so mauert man in **Ringschichten (Rouladen).**

Der Mindestradius wird um 25 cm geringer als derjenige einer halb so starken Mauer. Ist auch dieser noch zu groß, so ist man gezwungen, Keilsteine zu nehmen.

2. Aus Keilsteinen.

25 cm lang, geringste Breite (innen) 4,3 cm. Die größte (äußere) Breite ist vom Bogenradius abhängig, wobei auch noch die Fugen keilförmig sein können.

Verband wie bei gewöhnlichen Ziegeln: Binder- und Läuferschichten.

Tür- und Fensteröffnungen.

Lichte Weiten und Höhen (d. h. an der Außenseite, Fassade, gemessen): von praktischen und ästhetischen Forderungen abhängig.

Haustüröffnungen von 1,20/2,10 m ab Breite gewöhnlich mindestens gleich der Treppenbreite.

Einfahrtstore mindestens 2,30 m weit.

Zimmertüröffnungen in Wohnhäusern von 0,95/2,00 m an. (Um 9 cm weiter und 4,5 cm höher anzulegen als die lichte Öffnung der fertigen Tür).

Abort- und Kammertüröffnung mindestens 0,65 weit anzulegen.

Fensteröffnungen von 0,90 m Weite ab. Abort etc. Fenster ab 0,40 m weit.

Anschlag (zur Befestigung des Fenster- oder Türstockes) kommt nur bei äußeren Tür- und Fensteröffnungen, nicht bei Zimmertüren vor. Kann bei ganz untergeordneten äußeren Türen (für Aborte, Scheunen) entbehrt werden.

Bei Öffnungen für	Tiefe des Anschlags in der Richtung der Mauerdicke	Anschlagbreite. Beiderseitige Verbreiterung der lichten Öffnungsweite.
Haustüren	mindestens 1 Stein	$^1/_2$ Stein
Fenster	gewöhnlich $^1/_2$ Stein	$^1/_4$ Stein
Doppel- d. h. Winterfenster	"	mindestens 10 cm oder Abschrägung des Gewändes nach innen

Der Konturverband des Anschlages wird in derselben Schichtenhöhe auf beiden Seiten der Öffnung nicht immer gleich: Fortsetzung der regelmäßigen S-Fugenteilung über die Öffnung hinweg notwendig.

Der fortlaufende Verband in der gleichen Schichtenlage jedoch unbedingt gleich: nur Binder oder nur Läufer an der Front enthaltend.

Untere Begrenzung

der Türöffnungen (Schwelle)

durch Rollschichte, Beton oder Haustein;

der Fensteröffnungen

gebildet durch die Brüstungsmauer (Paraped) 0,75—0,90 m hoch, gewöhnlich in allen Stockwerken nur 1 $^1/_2$ St. stark, abgedeckt durch Rollschichte, Blech oder Haustein (Sohlbank).

Obere Begrenzung von Tür- und Fensteröffnungen

mindestens noch 25 cm Abstand vom obersten Öffnungsrand bis zur Decke; wenn mit Balken belastet mindestens 38 cm.

Konstruktion (Abdeckung) der Wandöffnungen.

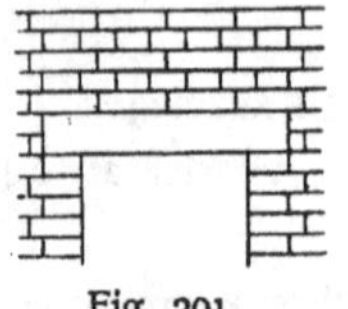

Fig. 201.
Einfachste Überdeckung
Steinbalken
bei größeren Weiten
unmöglich:
eiserne Träger.

Fig. 202.
Auskragung
(bei den Ägyptern
in Pyramidengängen)

Fig. 203.
Entlastung
des Steinbalkens B
bei (Ägyptern und
Griechen, z. B. Tor von
Mykenä).

Die günstigste Überdeckung mit Ziegeln oder Haustein ist die, eine Anzahl Steine zwischen die vertikalen Mauermassen einzuspannen, so daß sie sich mit ihren Lagerflächen aneinander pressen. Pressung oder Spannung tritt ein, wenn die Lagerfugen dieser Steine nicht parallel, sondern radial gerichtet sind. Der so gebildete Mauerkörper heißt **Bogen**.

Die Spannung zwischen den Bogensteinen muß ein Durchgleiten der Steine (infolge ihres Eigengewichtes sowie der Belastung durch eine daraufruhende Wand oder Deckenbalken) verhindern.

Dicke des Bogenkörpers (horizontal gemessen) = der Dicke der auf ihm ruhenden Wand.

Die Spannung wird noch erhöht durch **Keilform der Steine** (Durchgleiten direkt unmöglich).

Technische Bezeichnungen.

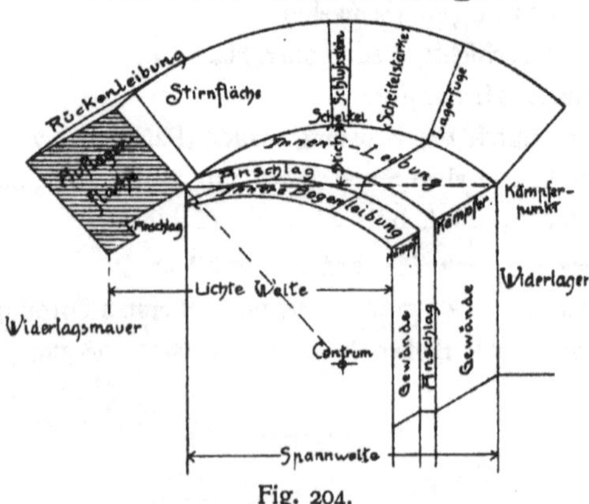

Fig. 204.

Bestimmung des Zentrums für die Lagerfugen.

1. Beim **scheitrechten und Segmentbogen.**

Bogenradius r = $1\frac{1}{2} - 2$ s, d. h. Pfeilhöhe = $\frac{1}{12} - \frac{1}{15}$ s.

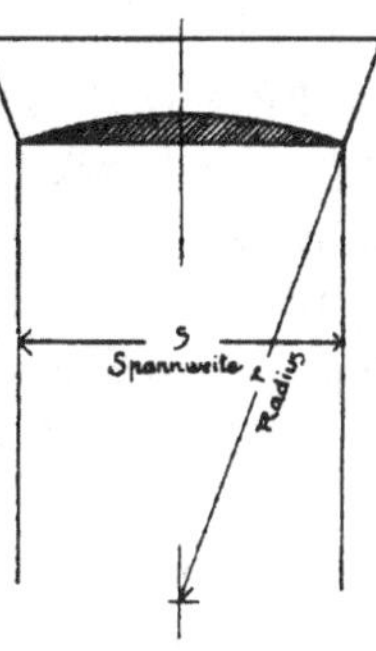

Fig. 205.

Für beide Bogenformen die gleiche Mittelpunktsbestimmung, da beim scheitrechten Bogen die schraffierte Masse nicht beansprucht, demnach eigentlich überflüssig ist.

2. Beim **elliptischen Bogen.**

Die elliptische Form ist wegen ihrer Reinheit und der bequemeren Art, sie auf dem Lehrbrett aufzureißen, dem Korbbogen vorzuziehen. — Auch die Aufstellung der Steine senkrecht zur Fläche der Einschalung macht einem geübten Maurer keine größeren Schwierigkeiten als beim Korbbogen, ebensowenig das saubere Verputzen der Bogenleibung.

Aufgerissen wird die Ellipse mittels Schnur, in den Brennpunkten an Nägeln befestigt.

Bestimmung der Brennpunkte aus Spannweite und Bogenhöhe.

Man schneidet vom Scheitel aus die halbe Spannweite auf der Kämpferverbindungslinie ab, denn $F_1X + F_2X = s$ (AB) (Gesetz gültig für jeden beliebigen Punkt X).

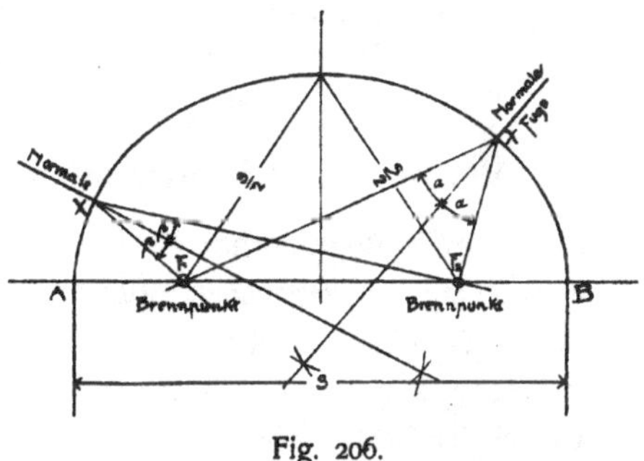

Fig. 206.

Zeichnung der Lagerfugen (Normalen) beim Ellipsenbogen.

Die Lagerfugen sind nicht auf ein Zentrum gerichtet, sondern bilden Senkrechte (Normale) zur Ellipsenkrümmung, d. h. zu der Tangente, die die Ellipse in dem jeweiligen Punkte berührt, durch den gerade eine Fuge geht.

Die Halbierungslinie des Winkels zwischen den 2 Verbindungslinien jedes Ellipsenpunktes mit den 2 Brennpunkten ist eine Normale.

Bei der Ausführung stellt ein geübter Maurer die Steine mit freiem Auge senkrecht zur Fläche der Einschalung, die auf ca. 6 cm Länge (= Steindicke) als eben angesehen werden kann.

3. Beim **Spitzbogen.**

Bei Festhaltung des Bogenmittelpunktes M für alle Fugen der einen Hälfte ergibt sich im Scheitel ein verwerflicher Zusammenschnitt der Steine. An diese Stelle könnte ein Hausteinstück treten. Hat man nur Backstein, so läßt man die Fugen vom Kämpfer an bis zu 45° Neigung nach dem Bogenmittelpunkt gehen, und die übrigen steiler geneigten Fugen entweder wie in Fig. 207 oder Fig. 208.

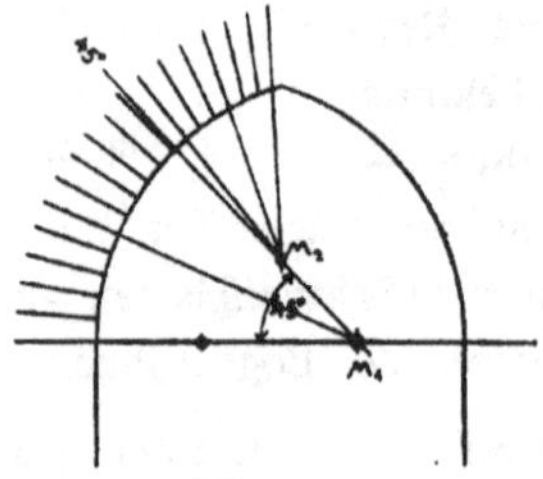

Fig. 207.
2 Mittelpunkte für jede Bogenhälfte.

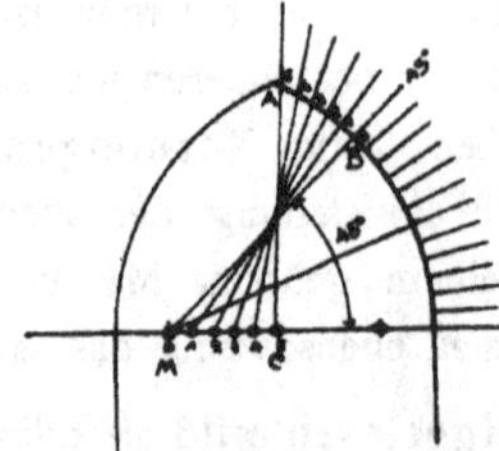

Fig. 208.
Verschiedene Mittelpunkte für jede Fuge, die steiler als 45°. MC ebenso oft geteilt wie AB durch die Steindicke.

Verband der Mauerbogen mit Backsteinen.

Der gesamte Bogenkörper ist aufzufassen als ein von der Standfläche (Widerlager) aus umgebogener, selbständiger Mauerpfeiler. Daher 2 abwechselnde Schichten in ihm, deren Lagerflächen (radial) durch die ganze Dicke hindurch reichen. — Ungerade Schichtenanzahl, da im Scheitel der Schlußstein.

Verbandlösung wie bei Pfeilern.

Rückenleibung.

Geht meist als eine Fläche (zylindrisch) ohne Absatz durch die ganze Wanddicke durch.

Bei ½ Stein breitem Bogenanschlag kann sie derart abgesetzt werden, daß innen und außen gleiche Scheitelstärke vorhanden ist und sich folgende Schnittform des Bogens ergibt, Fig. 209.

Bei scheitrechtem Bogen ist dies nicht zu empfehlen, da die in dem Ausschnitt ruhende fortlaufende Mauer 2 Schichten hoch mit ihrem übrigen Teil außer Verband gerät.

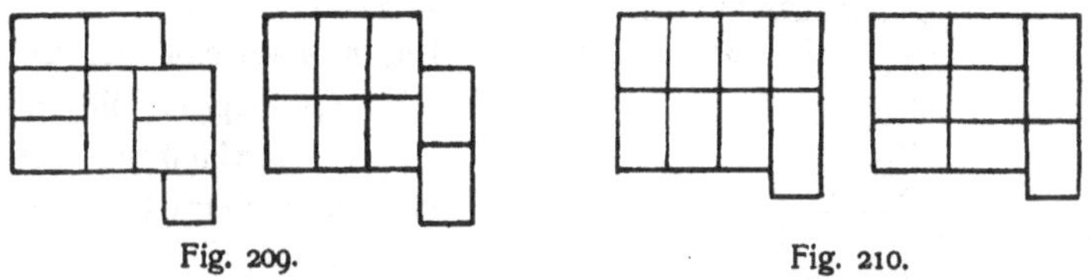

Fig. 209. Fig. 210.

Bei $^1/_4$ Stein breitem Anschlag kann zur Vermeidung der kleinen Riemchen der $^1/_2$ Stein breite äußere Bogen selbständig für sich gemauert werden, Fig. 210.

Innere d. h. untere Leibung.

Kann schräg oder gerade sein. Bei Rund- und Spitzbogen der Fassade muß sie innen segmentbogenförmig gestaltet werden, um Tür- oder Fensterflügel ganz öffnen zu können.

Auflager.

Gewöhnlich (besonders bei scheitrechtem Bogen) durch die ganze Wandstärke eine einzige **ebene Fläche.** Fig. 211 u. 212.

Um bei Segmentbogen und **abgeschrägtem, vertikalen** Gewände die Spannweite nicht unnötig zu vergrößern und die Widerlager zu schwächen, muß das Auflager entweder

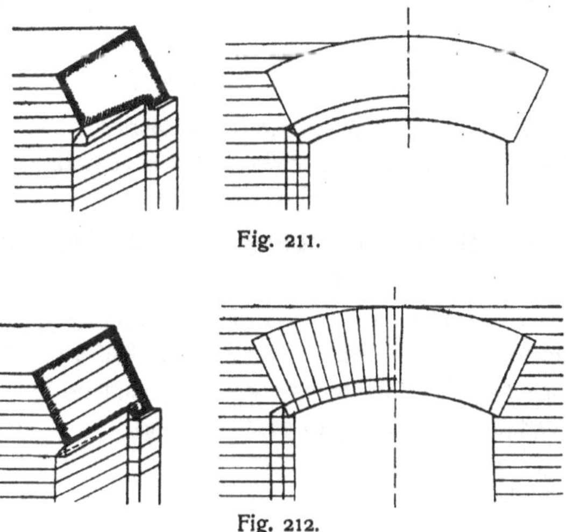

Fig. 211.

Fig. 212.

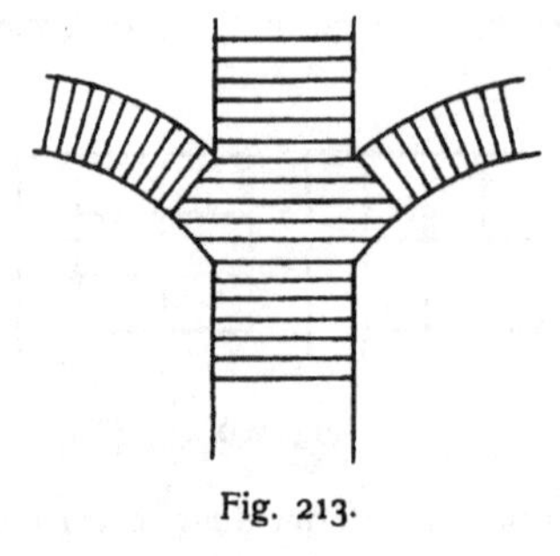

Fig. 213.

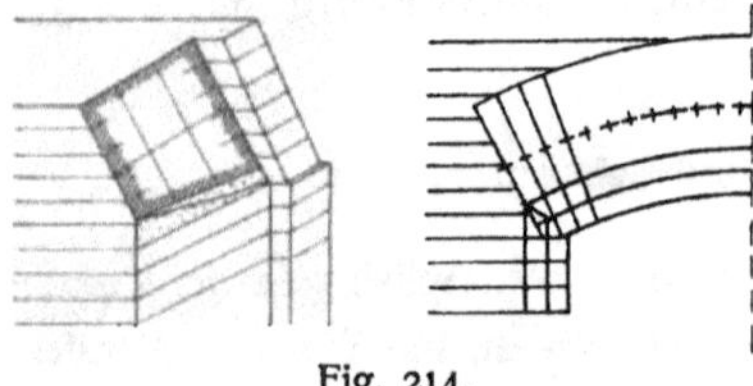

Fig. 214.

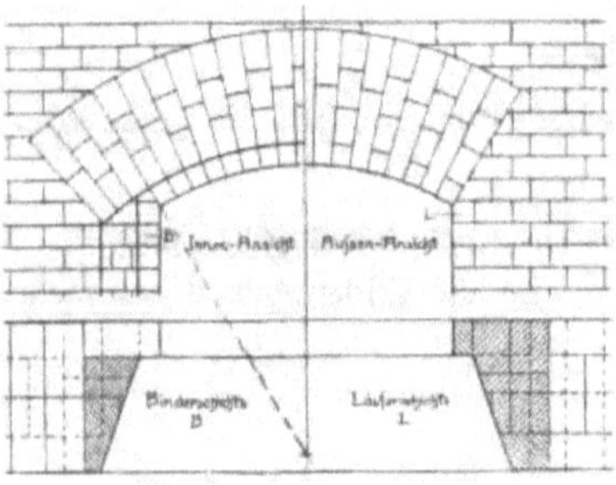

Fig. 215.

1. wenn durchgehends eben, innen **vorgekragt** werden (Fig. 211 u. 212), was bei unbelasteten Bogen überhaupt geboten ist (bei Gurtbogen, Bogenstellungen, Anschluß von Torbogen einer Einfriedung an die Gebäudemauer, Fig. 213),

2. oder **Absätze** erhalten, wenn die Vorkragung zu beträchtlich (bei starker Gewändeschräge), oder unzulässig würde (wie bei scheitrechten Bogen).

Die Breite der Absätze ($^1/_2$, $^3/_4$ oder 1 Stein) ist nur vom Bogenverband abhängig, der ungestört bleiben muß.

Die Absätze rücken nach einander immer bis zur nächsten Lagerfläche der Bogenschichten weiter vor. Sie erfüllen auch den Zweck, leere Zwickel an der Kämpferlinie möglichst verschwindend zu machen.

In Fig. 216 gehören die durch Kreise markierten Punkte der Schnittkurve zwischen der untern Bogenleibung und dem abgeschrägten vertikalen Gewände an.

Der **Anschluss des vertikalen Mauerwerkes** an den Bogen erfolgt einfach mit spitz zubehauenen Steinen.

Bei Segmentbogen können die horizontalen Lagerfugen ohne Rücksicht auf die Kämpferhöhe oder den Scheitelpunkt verlaufen — vielmehr gehe eine horizontale Lagerfuge durch den oberen Eckpunkt des untersten Bogensteines zur Verhütung eines ausgewinkelten Steines.

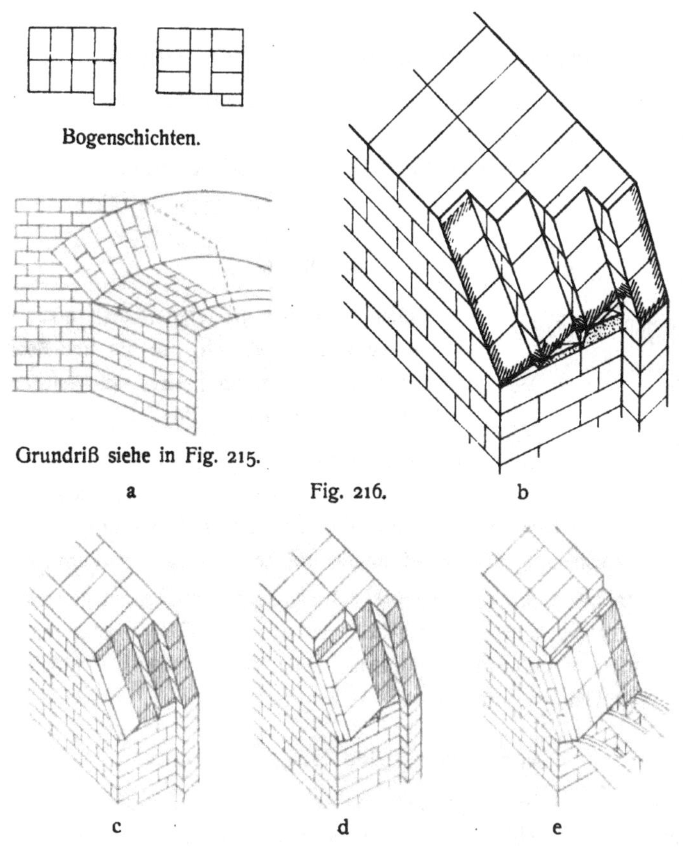

Fig. 216.

Anlage der Mauerbogen.

Scheitelstärke bei einer Spannweite bis zu 1 m	1,75 m	2–3 m	3,5–5,75 m	6–8,5 m		Widerlagerstärke in der Richtung der Mauerflucht.
	1 Stein	$1\frac{1}{2}$	2	$2\frac{1}{2}$	Halbkreis	$\frac{1}{4}$ d. Spannw.
	$\frac{1}{2}$ „	1	$1\frac{1}{2}$	$1\frac{1}{2}$–2	Spitz oder überhöht	$\frac{1}{5}$–$\frac{1}{6}$ „
					Elliptisch	$\frac{1}{4}$ „
	$1\frac{1}{2}$ „	$1\frac{1}{2}$–2	2–$2\frac{1}{2}$	$2\frac{1}{2}$–3	Segmentbog.	$\frac{1}{3}$–$\frac{1}{2}$ „
1 Stein					Gerader Sturz	$\frac{2}{3}$ „

Fensterpfeiler außen mindestens 38 cm breit, bei Winterfenstern 45 cm.

Mauerbogen aus gewöhnlichen Ziegeln.

Sind nur die Lagerfugen keilförmig, so ist zur Wahrung der Grenzen für die Fugenstärke (1.7 u. 0.7 cm)

Bei	1/2	Stein	Scheitelstärke	1,6 m	**Mindestradius** nötig.
„	1	„	„	3,5 „	„
„	1 1/2	„	„	4,5 „	„
„	2	„	„	6 m	„

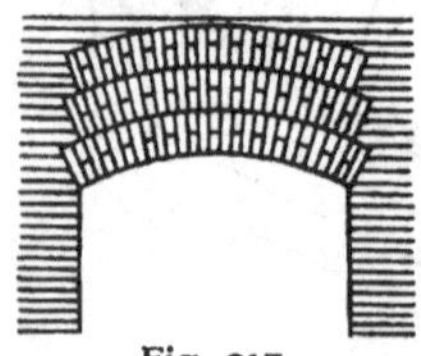
Fig. 217.

Sollen auch bei größeren Radien noch Backsteine verwendet werden, so ist in **Rouladen** (Ringen) zu mauern, am besten mit gleicher Anzahl Schichten in jedem Ring.

Entlastungsbogen sind zu spannen über die wagrechten Haussteinsturze und belasteten Gesimse über Öffnungen, ferner über die scheitrechten Backsteinbogen von Öffnungen mit schwachem Zwischenpfeiler.

Bogen zum Zweck der Verspannung (ohne zu tragen) sind anzulegen zwischen Pfeilern (auch als umgekehrte Bogen unter der Erde vorkommend) oder zwischen unterbrochenen Mauerzügen (Kellermauern, Parallelmauern von Gängen usw.)

Ausführung des Bogenwölbens.

Rasche Ausführung geboten, daher von beiden Widerlagern aus zu gleicher Zeit zu beginnen. Der Schlußstein zuletzt einzusetzen.

Die Steine werden bei scheitrechten und flachen Segmentbogen auf ein Lehrbrett, sonst auf Lehrbogen gestellt (bis zu 1 1/2 St. Mauerstärke 2 Stück, bei 2 St. 3 Stck. etc.). Die Lehrbogen ruhen beiderseits auf: entweder auf Backsteinen (aus dem Gewände ausschießend oder ausgespart) oder auf Brettern, oder auf Latten, die ihrerseits entweder mit Haken am Gewände befestigt oder von Pfosten gestützt werden. Zwischen Latten und Pfosten Keile einzutreiben (in der Richtung der Mauerdicke). Außerdem sind die Stützbretter oder Pfosten abzuspreizen.

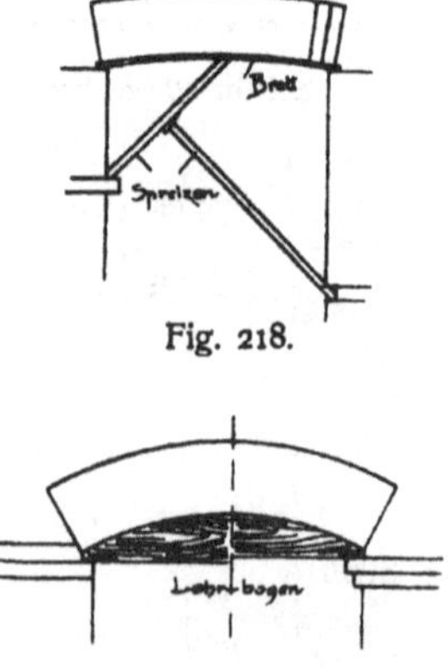

Fig. 218.

Fig. 219.

Bei großer Bogentiefe Schalung nötig, d. h. eine volle Unterlage für den Mauerbogen, gebildet durch Latten, über die Lehrbogen genagelt.

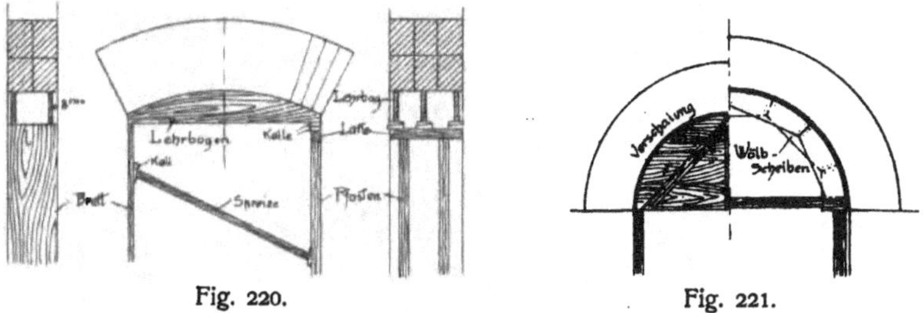

Fig. 220.

Fig. 221.

Die radiale Fugenrichtung gibt sich der Maurer durch eine Schnur an, die im Bogenmittelpunkt auf eine Latte genagelt.

Die Bogen, besonders der scheitrechte, sind stets mit Stich, d. h. etwas $\left(\frac{1}{20} - \frac{1}{30}\right.$ der Spannweite) höher als im Plan verzeichnet, anzulegen, zur Berücksichtigung des natürlichen Setzens der Bogen nach Entfernung der Lehrbogen.

Zeitfracht Medien GmbH
Ferdinand-Jühlke-Straße 7
99095 Erfurt, Deutschland
produktsicherheit@kolibri360.de